"十三五"国家重点出版物出版规划项目

中国史前遗址博物馆

ZHONGGUO SHIQIAN YIZHI BOWUGUAN KAOGUSHENGDI YANGSHAO JUAN

仰韶卷

丛书主编 王仁湘 吴健 张礼智

本册主编 侯建星

考古

地

陕西新华出版传媒集团

陕西科学技术出版社

——西安——

图书在版编目（CIP）数据

考古圣地：仰韶卷 / 侯建星主编．—西安：陕西科学技术出版社，2020.9（2021.1 重印）
（中国史前遗址博物馆）
ISBN 978-7-5369-7747-1

Ⅰ．①考… Ⅱ．①侯… Ⅲ．①仰韶文化－文化遗址－研究 Ⅳ．①K871.134

中国版本图书馆 CIP 数据核字（2020）第 070325 号

中国史前遗址博物馆 考古圣地 仰韶卷

侯建星 主编

出版人 崔 斌
策划编辑 李 栋
责任编辑 赵文欣
责任校对 赵爱玲
封面设计 曾 珂
监 制 张一骏

出版者 陕西新华出版传媒集团 陕西科学技术出版社
西安市曲江新区登高路 1388 号陕西新华出版传媒产业大厦 B 座
电话（029）81205187 传真（029）81205155 邮编 710061
http://www.snstp.com
发行者 陕西新华出版传媒集团 陕西科学技术出版社
电话（029）81205180 81206809
印 刷 陕西金和印务有限公司
规 格 889mm×1194mm 16 开
印 张 9
字 数 162 千
版 次 2020 年 9 月第 1 版
印 次 2021 年 1 月第 2 次印刷
书 号 ISBN 978-7-5369-7747-1
定 价 128.00 元

序

文物是人类在历史发展过程中遗留下来的遗物、遗迹。它是人类宝贵的历史文化遗产，是反映各个历史时期、不同地域人们的生产和生活，包括衣食住行、婚丧嫁娶、祈福祭祀、与外界的互动，乃至内心活动等物质和精神生活的表现，在制造和使用的当时起着活生生的作用，但是一旦埋入地下便成了一件件死物。在地下沉寂若干岁月后，这些文物一旦被人们发现，再经考古工作者发掘、整理和研究，便立刻恢复生机，生动地展现其活生生的一面，帮助人们了解其被制造和使用的情况、当时的社会和自然环境，以及人们的社会生活、日常起居等方方面面的鲜活细节。将若干有联系的遗址的文物联系起来，就能复原各种文化现象的起源、发展、变化、转型、交流乃至消亡的过程和其中的历史规律。文物便发扬出“人气”，起到了“由物到人”的作用。但是，此时文物的作用范围还局限于学术圈内，影响有限。

文物一旦作为展品通过博物馆进入观众的视野，其影响面便得以扩大，通过说明词和讲解员的生动讲述，一件件文物所体现的历史内涵组成一幅幅生动的历史画面，增长观众的知识，启迪有心人的思想，对他们为人处世的态度和原则，乃至人生观和世界观的形成就会起到或大或小的作用，此时的文物更显得生机盎然，其对现实社会的重要性更加得以凸显。

现今，我国大多数人们生活小康乃至富裕，有条件参观许多博物馆，但是毕竟很难在短时间内遍历众多遗址。中国博物馆协会史前遗址博物馆专业委员会组织编写的《中国史前遗址博物馆》丛书，汇集了全国诸多重要史前遗址博物馆丰富的馆藏资料，用通俗易懂的文字，将各遗址的发现、发掘过程，各博物馆的历史沿革和发展历程娓娓道来，还将各遗址的遗迹和出土文物以及其他展品以图文并茂的方式生动地还原出来，以展现我国先民的物质生活和精神生活，引领读者走进尘封已久的岁月，感受我中华文化的深厚。

值此丛书即将付梓之时，西安半坡博物馆张礼智馆长嘱我为之作序。我虽俗务缠身，不能遍读样稿，但希望、也相信本丛书能帮助众多文物为更广大的人民大众展现它们的活力，有益于提高人民大众的家国情怀、文化自信，使其建立唯物主义的历史观和世界观，故勉力作序如上，供读者参考。

中国科学院院士　吴新智

2018年1月3日

陪你穿越到史前

人类的历史，可以分作史前史和文明史两个阶段。文明史并不难理解，它是人类有确切记载的历史。很多人也许并不很了解史前史的概念，史前的要义是指文明史之前的人类历史，是没有记载的远古历史，从人类诞生起，到有记述的历史止，便是史前史。

曾经有人将地球的45亿年的历史压缩成1天，计算出晚上11点时，恐龙慢悠悠地登上舞台，支配世界也只有半个多小时。午夜前20分钟，哺乳动物的时代开启，人类在午夜前1分钟出现，而文明史不过是几秒钟的时长而已。我们要说的史前史，也就是那么1分钟。

文明起源在时间上最早不过8000年前，这只占人类史的1%都不到，如果将人类起源后的300万年全史压缩成1天，也就差不多是2分多钟。而且，关于人类起源的历史上限还在往前提，这个2分多钟的文明史基本可以忽略不计。那么，整个300多万年甚至更长的史前史，经历了一个怎样的发展过程呢？

这个过程经历了——

人类诞生与进化，从猿到人，经历猿人类、原始人类、智人类、现代人类4个进化阶段。

人类社会产生与发展，由婚姻组成家庭，由氏族社会进入等级社会。

人类发明了用火和造火技术，由吃生食转变到吃熟食。

逐渐掌握制作工具技术，经历了旧石器时代和新石器时代。

发明农业种植和家畜饲养业，从采集游猎经济转入农业和畜牧经济。

发明建筑技术，由自然洞穴居所进入人工建筑居所，由时常迁徙进入定居生活。

因血缘氏族形成聚落，又因部落联盟筑城而居。城邑居民因生业出现分工，因贫富形成等级，因社会复杂化导致邦国建立，千城星罗，万邦林立。

逐渐形成埋葬死者的墓葬制度，信仰祖先神崇拜，这是史前造神运动的开始。

发明制陶技术，提升了烹调水准。发明煮盐，有了基本的调味品，促进了体格健康。发明酿酒技术，主要用于祭祀仪式。

艺术由萌芽到发展，刻画和雕塑艺术渐趋成熟，彩陶奠定了史前至历史时期的艺术传统，这是由造神运动掀起的艺术浪潮。

琢玉由装饰器转向礼器制作，将造神运动推向又一个高潮，这是东方独有的文化传统。

中心城邑出现，宏大的治水工程见诸实施，建构起初级国家管理机构。

最后，人类终于走出混沌，文明诞生，王权与神权结合，国家出现。

我们所知的中国史前时代，也许只是大略知道旧石器时代和新石器时代，不知道还有这样丰富的内容，不知道还有如此久远的历史。

如此久远的年代，我们如何了解它？

古代的先贤，也曾考究过这古老而漫长的时代，并留下了一些神话与传说，三皇，五帝，便是那个传说时代的主人。对于史前更多的细节，那时代真实的面貌，他们不可能有真切的了解。

我们当然不能总是陶醉在传说时代，内心希望有真凭实据来说话。

现在我们不必着急了，有考古学家做向导，他们可以带我们穿越到史前。我们可以直接进入智人居住过的洞穴，可以直接进入新石器时代居民的废墟，可以发现史前真实存在过的许多场景与细节。

虽然年代如此久远，但那也是一个看得见摸得着的时代。考古学家通过考古发掘，发现了一个个史前遗址，那是史前先民生活过的地方。这遗址上保存着先民的创造，石器陶器依然那样精致。大大小小的茅屋，深深浅浅的火塘，似乎还有袅袅飘起的炊烟。排列整齐的墓穴，各种各样的随葬品，似乎隆重的葬仪刚刚结束。在遗址里我们可以发现史前人的所作所为、所思所想，甚至还可以从他们留下来的艺术品中，揣摩先祖们当初的情怀与梦想，还有对宇宙的观察与理解。

考古学家将丰富的史前文化遗存揭示出来，将一些重要的遗址保护起来，兴建遗址博物馆向公众展示这些发现，兴建遗址公园供公众访古游览。在中国，目前这样的博物馆已经建起 20 多座，数量还在逐年增加。

这些史前遗址博物馆各有特色，有旧石器和新石器的时代区别，也有南北地域的不同。有的是城址，有的是大型居址，也有的是墓地。在建设遗址博物馆的同时，有的还建成了国家考古遗址公园。

例如属于旧石器时代及古人类遗址的博物馆，有北京周口店北京人遗址博物馆、南京直立人遗址博物馆，还有柳州白莲洞洞穴科学博物馆。

属于新石器时代仰韶文化的博物馆，有陕西西安半坡博物馆、宝鸡北首岭博物馆、河南渑池仰韶文化博物馆和郑州大河村遗址博物馆。

东北区域有辽宁沈阳新乐遗址博物馆、阜新市查海遗址博物馆、凌源牛河梁红山文化遗址博物馆、内蒙古敖汉旗红山文化博物馆。

各地属于新石器早中期的遗址博物馆有广西桂林甑皮岩遗址博物馆、浙江萧山跨湖桥遗址博物馆、余姚市河姆渡遗址博物馆和甘肃秦安大地湾遗址博物馆。

属于新石器时代晚期的遗址博物馆有杭州良渚博物院、济南城子崖遗址博物馆、青海乐都柳湾彩陶博物馆、民和喇家遗址博物馆和福建昙石山遗址博物馆。

这样多的史前遗址，这样多的遗址博物馆与遗址公园，对于大多数人来说，都走上一遍是不太可能的。但是，我们现在有了这样一套《中国史前遗址博物馆》丛书，便可以弥补这个缺憾：你暂时走不到的博物馆，在丛书中可以读到；你也可以先由丛书寻找出你感兴趣的博物馆，有目标、有选择地去参观游览。

这套丛书的编写和出版，充分考虑到读者的需求，资料科学可靠，文字比较平实，印制也很精美。这套丛书，一册就是一位导游，也是极好的导览。或者可以说，这套丛书就是一张张请柬，就是一个个约定，邀你一起穿越到久远的史前，去探访先人居住过的地方，去历史长河的源头观赏一道道神秘的风景。

每走进一座史前遗址博物馆，相信你都会有不一样的收获。每一座博物馆，都有不一样的风景。当你从一座座史前遗址博物馆出来时，一定会对过去了然于胸，对现在信心倍增，对未来有更多期待。

就这样约定了，让我们一起走进史前遗址博物馆，去见识那久远的岁月，去会一会史前先民。

中国社会科学院考古研究所研究员　王仁湘

2018 年春节于北京

考古圣地·仰韶卷

仰韶村在1921年之前只是河南渑池韶山之阳一个不知名的村落，远在热切期待用现代考古学重建中国史前史的中国知识界的视野之外。1921年10月，颇具传奇色彩的瑞典考古学家安特生来到仰韶村，拂去黄土崖上的尘埃，使绚丽的彩陶在被封埋5000年后重新光耀世间。中国有了第一个史前考古学文化——以仰韶村命名的仰韶文化，中国古史重建迈出了坚实的第一步。中国考古学从仰韶村启程，逐步建立起史前考古学文化的时空框架，探讨中国史前的社会发展、文化交流、文明形成，以坚实的考古资料开辟古史记载的鸿蒙混沌，在科学研究的基础上，重建我们的多民族一体的国家的最初基础。

仰韶文化谱写了中华文明形成这一波澜壮阔的史诗中最灿烂、最雄浑的篇章。纵横千里的黄土大地培育了仰韶先民质朴刚健的精神风貌，他们辛勤稼穑，勇敢顽强，在6000年前就建立了重视宗族团结、公共事务的社会发展模式，彩陶之花绽放四方，成为“最初的中国”形成的最强劲动力。仰韶人群的扩散，开启了西北地区动荡整合和中西交流的壮阔历程。

仰韶文化是中华文明最强壮的根系，传输着来自远古的文化精粹，哺育着中华文明之树，迎风傲雪，参天挺立，万古长青。

一路走来，漫漫百年。仰韶是起点，仰韶是圣地，仰韶是难忘的初心。

仰韶文化博物馆

目　录

contents

第一章

发现仰韶

对于20世纪初的中国来说，考古还是一片空白，甚至有西方学者认为中国根本没有自己的石器时代，没有自己的史前文明。华夏文明究竟是从西方传入的，还是自有生成、源远流长的？20世纪初期，在河南西部一个叫仰韶的村庄的一次偶然发现，揭开了中国远古时代神秘的面纱。华夏文明的第一缕曙光乍然呈现。

中国考古学的黎明

瑞典人安特生自从踏上仰韶这片土地，便与仰韶结下了不解之缘。20世纪初期，安特生在河南省渑池县发现了一处史前文明遗存，被命名为仰韶文化，距今7000～5000年。这是中国第一个被确认的史前考古学文化，成为发现华夏文明的第一缕曙光，为后来在黄河上下纵横千里的一次次考古大发现拉开了序幕。

安特生与仰韶

初次发现

1918年年底，安特生在中国地质研究所所长丁文江的推荐下受聘为北洋政府农商部矿业顾问，2年后因军阀混战无法开展矿业工作，在丁文江的批准下，转而致力于古生物化石的采集与研究工作，并在当年奔赴河南省新安县一带开展调查。当他从新安县的瑞典籍传教士佩特松那里得知邻近的渑池县北部发现过“龙骨”时，第一次将足迹深深地印在了渑池这片黄土地上。安特生在渑池采集了一些古生物化石后却与仰韶村擦肩而过：北京西南周口店的神奇发现让他匆匆赶回了北京。2年后，他派出自己的得力助手刘长山（中国农商

安特生帮助筹建的中国有史以来第一个正规的大铁矿——龙烟铁矿

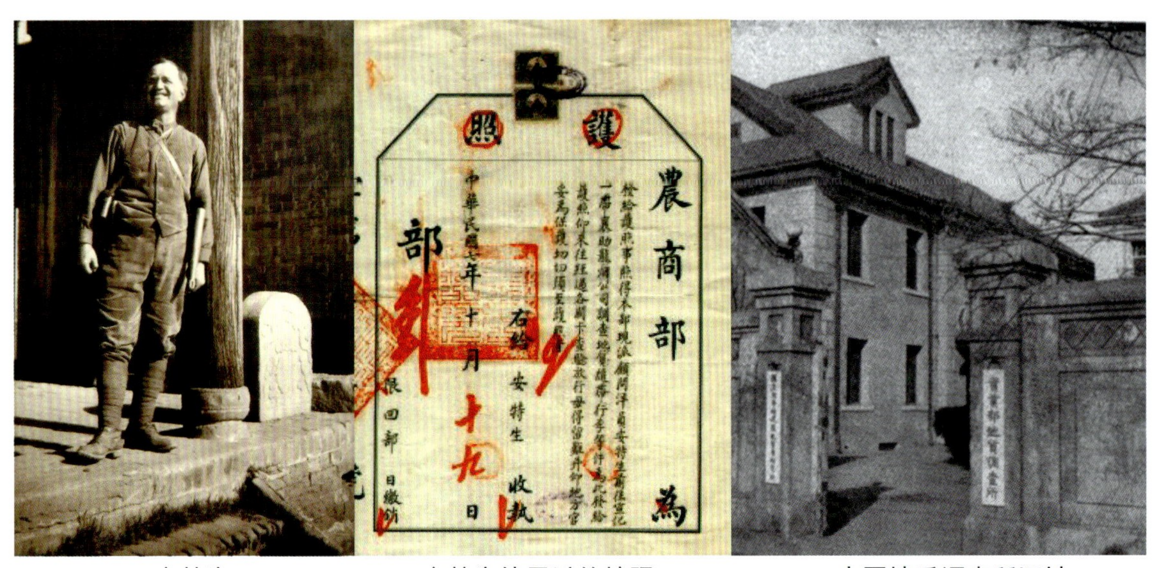

安特生　　安特生使用过的护照　　中国地质调查所旧址

> 安特生（1874～1960），地质学家，考古学家，古生物学家。安特生出生于瑞典中部小城谢斯塔，1902年取得瑞典乌普萨拉大学地质学博士学位。1914～1924年被中国北洋政府农商部聘为矿业（中国地质调查所）顾问，帮助寻找铁矿和煤矿，组建现代矿业。后来，安特生的兴趣逐渐转移到古生物学和考古学方面，着重于新生代地质学的研究，尤其是1921年对仰韶村遗址的发掘，使他因此成为中国现代考古学的奠基人之一。

部地质调查所采集员）再赴渑池进行调查。正是刘长山的这次调查，为安特生揭开了考古生涯的第一页。

1920年深秋，刘长山被派往豫西山区进行古生物化石的采集与整理工作。在渑池县韶山脚下，刘长山第一次走进了这个叫仰韶的村庄。

这一年，豫西地区遭遇大旱，百姓苦不堪言，当刘长山在村南寺沟捡拾零碎石器的消息传开后，百姓们纷纷把平时在耕作时捡到的石器廉价卖给了他。

安特生的助手刘长山指着夹杂陶片的文化层

刘长山收购了一些石器后，又请热心的百姓带他到实地查看、采集。凭借职业的敏感，刘长山断定这些如锤、如斧，似锄、似刀的石器绝非天然生成，他在仰韶村一连住了 3 天，采集、收购了 600 多件各种石器和少量的陶片、骨器。这年 12 月，刘长山雇请村民王兆英用毛驴把这些器物驮到渑池县城，集中装箱，然后在渑池火车站起程，运往位于北京的农商部中国地质调查所。

面对一件件石斧、石刀、石镰、石锛，地质所所有人都目瞪口呆，安特生更是震惊，他意识到那个名叫仰韶的小山村一定隐藏着一个秘而不宣的巨大玄机——仰韶村一带很可能是一个尚未被发现的石器时代的文化遗存。

二次探寻

对于 20 世纪初的中国来说，考古还是一片空白，甚至有西方学者认为中国根本没有自己的石器时代，没有自己的史前文明。那么，如果在仰韶村发现新石器时代遗址无疑会是震惊世界的大发现，于是，安特生决定踏上豫西的土地去探究这个待解的谜。

1921 年 4 月，安特生在做了充分的准备后第二次前往渑池。经过长时间的走访、考察、照相、记录，证实了他之前的推测，返回北京后，他向当时的农商部部长和地质调查所所长呈递了请示发掘仰韶村遗址的报告。1921 年 10 月 27 日至 12 月 1 日，仰韶村遗址经历了

1921 年的仰韶村

第一次发掘，从此也开始了安特生与仰韶村的一段情缘。

在1个多月的考察发掘当中，安特生坚定了自己之前的判断：仰韶村就是古人类活动的一个聚落遗址。不仅如此，根据出土的文物可以断定，当时生活在这里的先民们已经具备了惊人的生活智慧，他们耕作、制陶、狩猎、捕鱼，过着安逸的部落生活。

然而，让安特生不解的是，仰韶村的史前文明是不是华夏文明的源头？如果不是，那么它是从哪里传播而来的呢？

回到北京后，安特生开始了系统的研究，写出仰韶村发掘简报《中国的早期的文化》，由袁复礼把文章摘要译成中文，取名为《中华远古之文化》，发表在1923年第5号的《地质汇报》上。在这篇文章中，尽管安特生受到美国中亚考古调查团发表的安诺遗址发掘报告的影响，错误地做出中华文化“西来说”的结论而影响深远，但毕竟在仰韶村最早发现了文化遗址，并首次提出了仰韶文化的命名，这也是中国近代考古学史上出现的第一个考古学文化命名。西方关于中国没有石器时代的言论不攻自破。从此，“石器”这个名词逐渐为中国大众所熟悉，同时，对仰韶村遗址的发掘也拉开了我国田野考古的序幕。

考古学文化命名

考古学文化命名大多数是以第一次发现的典型遗迹的小地名为名。这个办法最早是19世纪60年代法国考古学家在研究旧石器文化时开始采用的，实际上借用的是地质学上地史分期的命名办法。20世纪以后，这种命名方法被考古学家们普遍采用，中国包括仰韶文化、龙山文化在内的考古学文化就是这样命名的。

安特生与中华文化“西来说”

安特生受到美国中亚考古调查团发表的安诺遗址发掘报告的影响，在《中国的早期的文化》中错误地做出中华文化“西来说”的结论。为了寻找中华文化由西方传入的通道，1923年，安特生决定到甘青地区的河谷地带寻找史前文化遗址。就这样，安特生在中国最大的一次考古调查开始了。

安特生从河南渑池县仰韶村发现了仰韶文化之后，想到更早的中国远古文化可能在黄河上游，于是他避开陕西，直接到兰州。到兰州之后，他经过苦苦寻找，找到了一个用彩陶装烟渣的烟贩，打听得知临洮那里出彩陶。

安特生在洮河沿岸先发现了辛店文化，紧接着找到了半山文化，向西在青海与甘肃交界的地方找到马厂文化，他又一次回到辛店，发现了寺洼文化和马家窑文化。这次发掘持续了2个月，共发现遗址近50处，发掘的文物装了25辆马车。关于这次考古发现及研究成果，均记载在1925年安特生出版的《甘肃考古记》一书中。

在这次考古发掘中，安特生除了在甘肃临洮马家窑遗址发现了更加繁复精美的彩陶、在甘肃广河齐家遗址发现了饰纹简单的彩陶和多数素陶外，同时在中华文化“西来说”的错误结论中越陷越深。1924年12月30日，安特生请求瑞典中国委员会主席古斯塔大王子等人致函中国地质调查所丁文江、翁文灏2位所长，提出由瑞典和中国两国平分安特生在中国的收藏。公函中称：先把所有收藏全部运到瑞典进行记录和初步研究，而后将一半退

安特生与中国地质调查所的同事们

安特生进入刚刚成立的中国地质调查所，与从英国归来担任所长的地质学家丁文江一起组织地质调查，并培养了中国第一批地质学者。期间，他完成了《中国的铁矿和铁矿工业》和《华北马兰台地》2部调查报告。

当时的中国，现代化刚刚开始，中国没有地质学家，也没有古生物学家，正是基于这样的考虑，当时的中国地质调查所所长丁文江先生和翁文灏先生与安特生签订了一个协议：采集的化石包括现代的动植物标本带回去可以，但是原则上是带回去以后要做2份标本，一份留在瑞典，一份要返还给中国。仰韶村遗址发现的标本也遵循这样的原则进行分配。

还给中国。1925 年 2 月 2 日，丁文江、翁文灏征求上级部门同意后，代表中国地质调查所复信给瑞典中国委员会，同意平分安特生收藏的办法，并要求有关研究资料只发表在中国地质调查所出版的书刊中。

1925 年年底，当文物运达瑞典之后，国王古斯塔夫非常重视，立即拨出专款在斯德哥尔摩修建了一座宏伟的博物馆，并将其命名为远东博物馆，由安特生担任首任馆长。该馆创办了馆刊，不断介绍中华远古文明。在所有文物中，仰韶村遗址发现的彩陶、工具及人和动物的骨骼成为日后更名为瑞典东方博物馆的镇馆之宝。该馆常年以“中国之前的中国”为展览主题，向世人展示中国灿烂的远古文明。

瑞典东方博物馆外景

1927 ～ 1936 年，东方博物馆先后 7 次向中国政府归还文物共 1389 件，然而在战火纷飞的年代，被归还文物的下落却成了中国文化史上一个永远的谜团。

1937 年卢沟桥事变爆发，63 岁的安特生再一次来到北京，但却未能继续他在中国的考古事业。1938 年，安特生转道越南，回到瑞典，从此再也没有来过让他声名远播的中国。

仰韶引发的热情

无论是考古工作的追溯，还是文明的追溯，仰韶文化都是一个始祖。

仰韶村遗址的发现，打开了通往中国上古时代的大门，让中国远古时期的生活画卷，第一次通过史籍记载以外的途径呈现在人们面前。仰韶村遗址的发掘对中国考古界是一件大事，是中国新石器时代考古的第一次、中国田野考古的第一次，也是中国考古学研究的第一次。

仰韶村遗址的重要发现、仰韶文化的确立，证明中国存在自己的远古文化，在20世纪20年代的学术界和公众中引起了广泛关注。安特生提出的中华文化“西来说”，又极大地刺激了把重建古史的希望寄托在考古学的知识界。中国第一代考古学家们在举国瞩目下，开始了自己的艰苦探索。他们有从哈佛大学学成归来的李济、梁思永，从英国伦敦大学归来的吴金鼎、夏鼐等。他们在质疑安特生中华文化“西来说”的声浪中，执着而努力地做着不懈的探索。

李济、袁复礼和西阴村遗址

1926年年初，刚刚30岁的李济已经是清华大学国学研究院人类学讲师，与著名的四大导师梁启超、王国维、陈寅恪、赵元任同执教鞭。为了把安特生在中国的考古发现弄个水落石出，他决定到晋南地区做一番细致的田野调查，以搞清楚仰韶文化的来源与中国远古文化间的关系。

李济

李济（1896～1979），湖北钟祥人，人类学家，中国现代考古学家，中国考古学之父。

1926年3月22日，李济在山西境内由北向南走访了传说中尧、舜、禹的故都及其他遗迹后，来到夏县西阴村，在这里发现了一处遍布史前陶片的遗址。李济随手捡拾了80多块陶片，其中一部分是带彩的，主要图案为三角形、直线、大圆点，通常几种图案在一块陶片上同时出现。

同年10月15日，中国考古史上由中国人自己独立主持的第一次田野考古发掘工作，在山西夏县西阴村正式破土动工。发掘工作由李济主持，曾和安特生主持发掘仰韶村遗址积累了丰富经验的袁复礼，承担具体发掘和测量2项工作。

袁复礼

袁复礼（1893～1987），地质学家，教育家。1913～1915年在清华大学学习。1915年留学美国，先后在伯朗大学、哥伦比亚大学学习教育学、生物学、考古学和地质学，1920年获硕士学位。1921年10月，刚刚从美国学习归来的袁复礼，把新兴的地貌学、地质学知识引入仰韶村遗址的发掘，对遗址进行了全面测量，绘制了仰韶村遗址地形图和仰韶村南部等高线图。

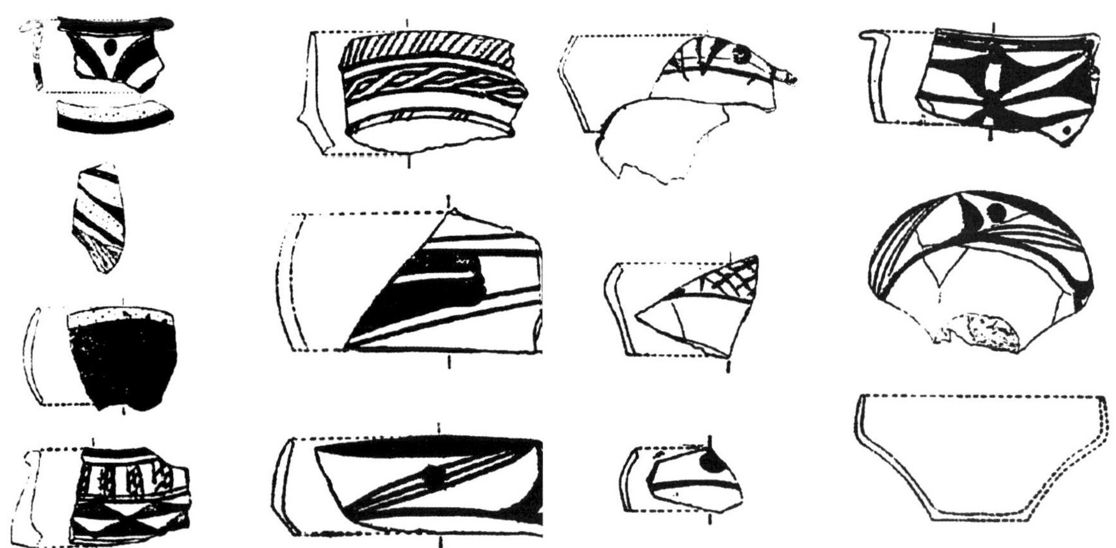

西阴村发现的仰韶文化庙底沟类型彩陶图案

李济和袁复礼在西阴村的发掘，扩大了安特生所命名的仰韶文化的分布版图，同时，李济对安特生的中华文化“西来说”表示出谨慎而又强烈的怀疑。李济主持的这次发掘，标志着现代考古学在中国的正式成立，也奠定了他作为中国现代考古学之父的历史地位。

西阴村仰韶文化遗址发掘之后，在中国考古界掀起了一场波澜壮阔的史前文化探索浪潮。

吴金鼎和城子崖遗址

1923年，从清华大学返回齐鲁大学任助教的吴金鼎在山东章丘龙山镇调查时，发现了城子崖遗址，为古史重建寻根找到了新的线索。1930～1931年，历史语言研究所对城子崖遗址进行了正式发掘，确立了龙山文化。李济在中国第一部考古报告《城子崖》的序言中写道：“城子崖的发掘，以黑陶为特色的龙山文化的发现，更是证明除了彩陶文化外，中国文化另有一强大根系，摆脱了单以追寻彩陶源流探中国文化之源的模式。”“替中国文化原始问题的讨论找了一个新的端绪。”“有了城子崖的发现，我们不但替殷墟一部分文化的来源找到一个老家，对于中国黎明期文化的认识我们也得了一个新阶段。”

吴金鼎

吴金鼎(1901～1948)，著名考古学家，山东安丘人。早年毕业于齐鲁大学，继入清华学校（清华大学前身）国学研究院攻读人类学专业，爱上考古工作。后到中央研究院历史语言研究所考古组任职，攻读考古学。其间，参加了河南安阳殷墟、山东章丘城子崖、安阳后岗等著名历史遗址的发掘。1933年赴英国留学，1937年获博士学位。回国后先后在云南、四川从事考古发掘和研究工作。抗日战争胜利后，任齐鲁大学训导长、文学院院长、国学研究所主任和图书馆主任等职。

梁思永和后岗遗址

1931年春，梁启超次子梁思永在结束了哈佛大学考古学和人类学的学业后，回国加入中央研究院历史语言研究所考古组，与李济、董作宾、吴金鼎、刘耀一行，对河南安阳殷墟进行再次发掘。无意之间，梁思永在安阳洹河南岸、南邻高楼庄的西、北、东三面环水

的后岗台地上发现了一处丰富的文化遗存。这位受过西方近代考古学正式训练的学者敏感地意识到，这是以往发掘中尚未出现过的复杂的文化遗存。于是在这年的春、秋两季，梁思永先后组织了两次对后岗遗址的发掘。

梁思永

梁思永（1904 ~ 1954），广东江门人，中国现代考古学家，中央研究院第一届院士。1923 年梁思永自清华留美预备班毕业后赴美留学，进入哈佛大学研究院攻读考古学和人类学，毕业后回国，进入中央研究院历史语言研究所考古组工作；1948 年获选为中央研究院第一届院士；1950 年被任命为中国社会科学院考古研究所副所长。

在这次发掘中，梁思永运用西方地层学方法，做出了与水平梯度发掘迥异的分层法，发掘与文物统计均依土质、土色区分的文化层为单位，并依据文物特征，将各文化层合并为 3 大层。结合仰韶文化时期的彩陶特征和之前发掘命名的小屯商文化白陶特征，以及山东龙山文化的黑陶特征，梁思永发现，3 层堆积由下而上分别为仰韶文化层、龙山文化层和小屯商文化层，并确立了这 3 个文化的发展演变关系，第一次为中华文明起源和发展演变建立了考古学的时间框架。

安特生用三维坐标，按照水平线分地层，测量出土的遗物出自哪一层、什么地方，并以画方格的方式进行记录，以后的考古发掘基本上都是按照这个方法进行的。梁思永对此进行了一些改进，按照文化层的实际高度来划分地层。

这个重大发现让梁思永找到了龙山文化与仰韶文化具体的层位关系，进而确认了黄河中下游地区龙山文化早于小屯商文化而晚于仰韶文化的时代顺序。

不仅如此，梁思永这种在中国考古学史上著名的“后岗三叠层”考古方法，证实了中国历史由史前进入历史时期，连续不断、一脉相承的发展关系，驳斥了西方学者的片面论据，从根本上否定了中华文化“西来说”的论断。后岗三叠层的发现是解开中国史前文化之谜的钥匙，是中国近代考古史上一次划时代的里程碑，从此，中国近代考古进入成熟阶段，开始跨入世界先进水平，为后来的田野考古开创了新纪元。

夏鼐和马家窑文化

1944 年，夏鼐在甘肃宁定阳洼湾发掘了齐家文化墓葬，在二号墓葬填土中出土了马家窑文化的陶片，从地层学上证明了齐家文化晚于马家窑文化。这一发现直接推翻了安特生的分期系统，彻底动摇了中华文化“西来说”的基础 。

夏鼐

夏鼐（1910 ~ 1985），中国现代考古学奠基人之一，新中国考古工作的主要指导者和组织者，历任中国科学院考古研究所副所长、所长。夏鼐十分重视在考古研究中应用现代自然科学方法。他对中国各地新石器时代文化的年代序列做了全面研究，创造性地利用考古学的资料和方法阐明中国古代在科技方面的卓越成就。由于在考古学方面的杰出成就和贡献，曾先后获得英国学术院通讯院士、德意志考古研究所通讯院士、瑞典皇家文学历史考古科学院外籍院士、美国国家外籍院士、意大利远东研究所通讯院士等荣誉称号。

遗址概况

1921 年，仰韶这个名不见经传的偏远山村，在一次偶然的机会中走进了考古学家的视野，绚丽的彩陶，磨制精细的石器，成为人们探寻历史的无字天书。仰韶村遗址的发现，第一次宣告中国蕴藏着丰富的新石器时代文化遗存，“中国无石器时代”的谬论不攻自破；标志着中国史前考古学和中国近代考古学的诞生；为中国历史研究带来了新的信息，从而揭开了原始社会史研究的第一页。

仰韶村遗址

仰韶村

仰韶村隶属于河南省三门峡市渑池县仰韶镇，位于渑池县城北 9000 米处，东西隔沟与仰韶镇苏门村、阳光村相望，南由刘果水库环绕，北与坡头乡韩家坑村相近，乡村公路马韶线为进村唯一道路。现在的仰韶村有 7 个自然村，10 个村民小组，村有耕地面积 152 公顷，退耕还林 30 公顷，目前主要以种植花椒、药材、烟叶、小麦、玉米为主。

渑池之名来源于古水池名，本名黾池，以池内注水生黾（一种水虫）而得名。黾池，上古属豫州，西周时为雒都（今洛阳）边邑，春秋时先后属虢国、郑国，战国时韩国灭掉郑国，渑池属韩国。周赧王三十六年（公元前 279 年），秦昭襄王、赵惠文王会盟于此，当时已有黾池之名（今县城西有古秦赵会盟台遗址）。秦时置黾池县，西汉黾池亦名彭池，三国魏始改县名为渑池。之后几经改名，元至元八年（1271 年）再次改名为渑池县，至今未变。

仰韶村遗址

仰韶村遗址位于渑池县城北韶山南麓、渑池盆地北侧，坐落在仰韶村边的缓坡台地上。根据出土文物，确认是我国远古文化的遗存。按照考古学惯例，把首先发现地作为该文化类型的名称，故名“仰韶文化”。

仰韶村遗址分布于第四纪形成的黄土层上，厚 8～20 米，在黄土层下为第三纪的红土层。7000 年前，人类就开始在这里建立村落，并延续了 2000 年，后来的龙山文化时期先民也居住在此。

仰韶村遗址北部是飞山和韶山，分布有大面积的林区，遗址周边除工业企业外，几乎都是散落分布的村庄和大片耕地。

仰韶村遗址受城市发展影响相对较小，遗址历史环境保存较完整。遗址范围多为耕地、林地、园地。遗址保护范围内多为非建设用地，遗址本体与遗址环境的真实性、完整性能够得到很好的保障，但是周边村民生活产生的环境卫生问题对遗址的影响较大。长期地表径流的冲刷，以及易导致台地边坡失稳的季节性强降水，对台地的影响较为严重，尤其在台地边缘地带。

仰韶村远景

遗址保存了较为完整的山形水势，地形特征非常突出。承载遗址的台地两侧各有冲沟，历史上东沟有饮牛河，西沟有干沟河，两河顺沟南下交汇于刘果水库，水库现在已经干涸，仅在暴雨过后库底会有些积水。沟底草木茂盛，有大片树林依冲沟地势生长，景色静谧宜人。附近农户利用沟底地势平缓地块进行农业耕种。

1961 年 3 月 4 日，仰韶村遗址被国务院公布为全国重点文物保护单位。

仰韶村遗址碑

1980 ～ 1981 年，河南省文物研究所、渑池县文化馆对仰韶村遗址进行了第三次发掘，发现这里有 4 层文化层相叠压，自下而上是仰韶文化中期（庙底沟类型）—仰韶文化晚期（西王村类型）—龙山文

化早期（庙底沟二期类型）—龙山文化中期（三里桥类型）。其中，仰韶文化晚期包含了2个层次不同年代的遗存，其上还有东周文化遗存。

仰韶村遗址文化层

从遗址出土文物看，当时人们使用的是石器、骨器和陶器。用于农业耕作的有石铲、石刀、石锛、石凿；用于狩猎的有石镞、骨镞、石弹丸；用于纺织和缝纫的有纺轮、骨锥和骨针等；生活用具主要是陶器，以红陶为主，灰褐陶次之，器物种类有鼎、钵、盆、罐、壶、碗、瓮、尖底瓶等陶器。在红陶器物表面或口沿，绘有精美花纹图案，故称“彩陶”。花纹图案有弧边三角纹、宽带纹、网状纹、菱形纹、圆点纹以及相互组合的几何形纹等。

仰韶村遗址是我国第一次发现与发掘的新石器时代原始社会村落遗址，是仰韶文化的命名地，是以仰韶时期为主的内涵丰富的多重文化遗址。仰韶村遗址的发现宣布了中国无石器时代文化理论的彻底破产，填补了中国远古发展史的空白，也揭开了近代田野考古史的先河，标志着中国现代考古学的诞生，开创了重新认识已经失去记忆历史的新纪元。仰韶村遗址为研究我国社会发展史提供了丰富的实物资料，也为世界考古史的研究做出了重要贡献。

仰韶文化的意义

公元前91年，中国汉代最伟大的史学家司马迁终于完成了《史记》，他讲述的中国历史是从传说中的黄帝开始的。然而，那个时代仅仅是个梦一般的传说吗？有没有证据表明黄帝和他的人民确实存在过？

仰韶村北临黄河，紧依韶山，在远古时代是众多河流环抱冲积形成的平原台地，草丰水美的自然环境吸引着逐水而居的先民们在此繁衍生息。《渑池县志》记载：韶山因舜帝在此演奏韶乐而得名。仰韶村也因仰头能看到韶山而得名。

仰韶文化在长达2000年的历史进程中，逐渐成为中华民族原始文化的核心部分。它既吸收了周围其他类型文化的因素，又影响了周围文化形态，为中华民族文化机体奠定了基础。

“五四”运动前后，社会思想活跃达到了高潮，大批仁人志士在寻找救国真理。一部分热爱祖国的知识分子走“科学救国”道路，产生了一个对中国古老文化的再认识、再评价的问题。在当时的时代潮流下，中外学者共同发现、发掘的仰韶村遗址，证实了在中国夏商之前，尚存一种历史更为悠久的石器时代文化。

仰韶文化的发现推翻了中国无石器时代的理论，揭开了中国田野考古史的先河，标志着中国现代考古学的诞生。仰韶文化对我国9个省区仰韶时期各个类型都有深远的影响，并对同时期仰韶文化之外的文化，比如山东的大汶口文化、东南地区太湖流域的良渚文化、东北西部的红山文化、长江流域的大溪文化等都有较大的影响。仰韶文化是世界文化浩瀚星空中最灿烂的一颗恒星，它与世界同时期文化相互影响，如罗马尼亚的库库特尼—特里波利文化、土库曼斯坦的安诺文化。仰韶文化博物馆的建立已成为全国乃至全世界研究仰韶文化的中心。

在漫古洪荒之时，仰韶先民们燎荒砺石、磨石泥陶、繁衍生息，在农业、手工业、渔猎业、礼制和社会组织等方面都创造了灿烂的文明，为中华民族的文明发展奠定了基础。仰韶文化之脉使中华文化得以五千年传承不断，仰韶文化之光使中华民族得以五千年薪火不灭。

先民之初，后人之根，文明肇始，光耀万代。这是一种创新的精神，是一种发展的动力，是一种不竭财富，更是一种永不熄灭的火种。

五千年历史，五千年传承；五千年文明，五千年恩泽。作为幸福的仰韶儿女，我们有义务也有责任去保护先民留给我们的宝藏。头顶着文明的光圈，脚踏着厚实的土地，肩负起保护历史、传承文明的重担，义不容辞地把仰韶文化保护好、开发好、利用好，走出一条独具历史气息的特色之路。

曙光初照5000年前，黄河孕育出了中华民族的伟大首领——黄帝和炎帝。从此，这块土地上的人民自称炎黄子孙，万年前就已经播散的文明种子遍地开花，如同满天星斗，文明的强大能量逐渐向中原汇聚。那是一幅远古时期壮丽多彩的画卷，预示着一个伟大的国家即将诞生。

仰韶村自然风光

第二章

考古圣地

近百年来，经过数代考古专家的不懈努力，全国共发现仰韶文化7000余处。其分布广泛，延续持久，内涵丰富，影响深远，成为中国原始社会文化的主干，展现了中国母系氏族制度从繁荣到衰落这一过程中的社会结构和文化成就，仰韶村遗址因此堪称考古圣地。

仰韶村遗址的发掘

仰韶村遗址从发现至今已近百年，自 1921 年第一次发掘后，又进行了 2 次发掘。通过这 3 次发掘，考古人员发现仰韶村遗址存在 4 层文化叠压层，自下而上分别是仰韶文化中期、仰韶文化晚期、龙山文化早期、龙山文化中期。它们承上启下，相互衔接，印证着中华文明自有的渊源和生生不息的发展与延续。

第一次发掘

1921 年 4 月 18 日，安特生、刘长山等一行 5 人来到了渑池县，时任渑池县知县的胡毓藩对他们的到来非常重视，亲自到车站迎接。在渑池县基督教堂牧师、瑞典人史天泽的翻译下，胡毓藩与安特生做了详细交流，并指定教堂和县政府专人负责具体接待事宜。4 月 21 日，胡毓藩派轿车和 4 名警察跟随，又雇了村民的一辆拉杂货的铁脚车，并由渑池县政府第三科录事科员王茂斋陪同安特生一同来到仰韶村，住在村里的大户王兆祺家中。

安特生在仰韶村遗址发掘时住在当地农户王兆祺家中

王茂斋和王兆祺负责安特生的日常应酬和对外联络的各种事情，村民王兆英负责采买，安特生本人则带着几个人每天在村子周围走访、考察、照相、记录。他在仰韶村南的冲沟断面上发现有灰层、灰坑和陶片的堆积，在堆积的下层还发现了精致的彩绘陶片和石器共存。眼见为实的安特生意识到，这是一个非同寻常的文化层，更是一

安特生 1921 年在仰韶村遗址首次发掘时的合影

左起为袁复礼、安特生、仰韶村王村长、王兆祺。

个史无前例的大发现。安特生向当时的农商部部长和地质调查所所长呈递了请示发掘仰韶村遗址的报告，在得到中国政府和河南省政府、渑池县政府的同意和支持后，1921 年 10 月 27 日至 12 月 1 日，对仰韶村遗址进行了第一次发掘，历时 36 天。

这次发掘由安特生主持，清华大学教授袁复礼、陈德广等也参与了这次发掘。他们使用了先进的田野考古方法和发掘工具，安特生使用的手铲、毛刷、铁镐、铁钩、皮尺、卷尺等工具均由美国中亚考古考察团从美国带来。

安特生此次发掘使用的工具在当时是世界上最先进的考古工具，后来成为中国现代考古发掘仍在使用的传统工具。同时，安特生所采用的从测量、绘画、记录到采集标本，以及对发掘资料进行地质、地貌、动物、植物和陶器质地的多学科的鉴定方法，至今仍为我国考古学家所沿用。

1921 年仰韶村地貌

参与首次发掘的仰韶村村民

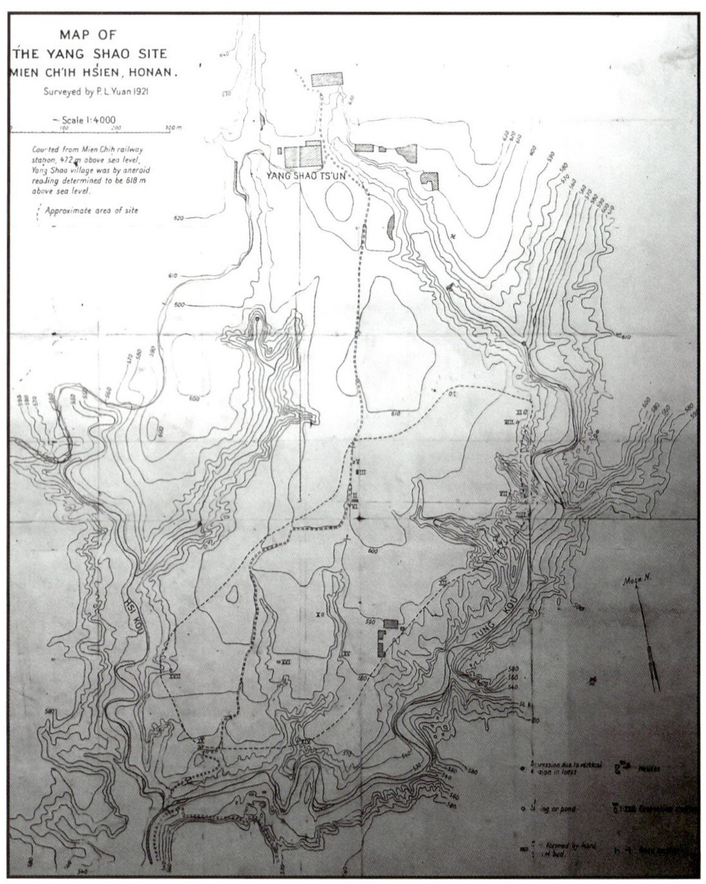

袁复礼绘制的仰韶村遗址地形图

1921 年发掘仰韶村的第四个发掘点：史前水井

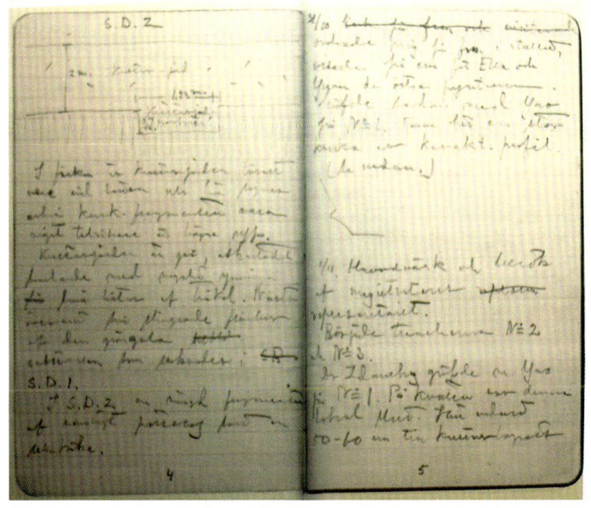

1921 年安特生在发掘仰韶村遗址时的日记

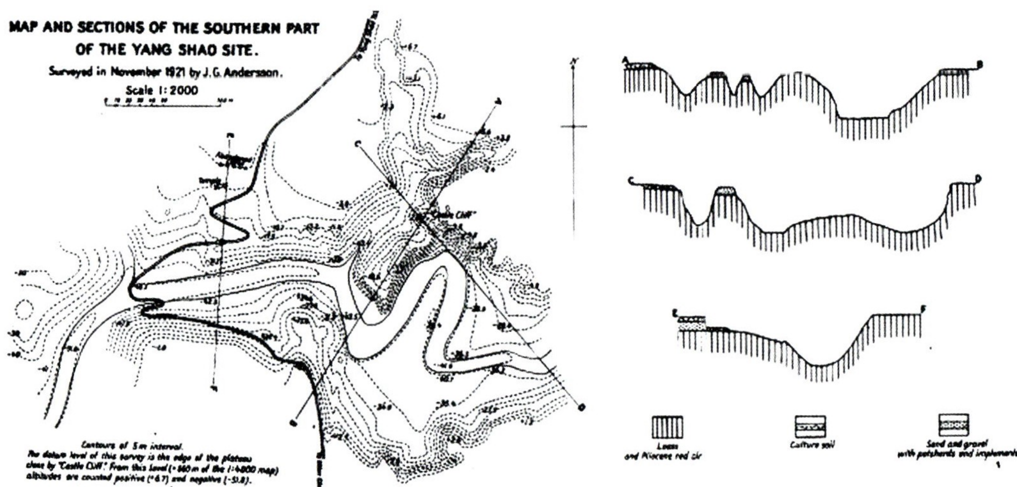

安特生发掘仰韶村遗址时绘制的探沟剖面图

在挖掘点的选择上，安特生将目光注视在各个暴露灰层及遗物较多的冲沟断崖处，布开探沟 17 个，以充分了解整个遗址范围各地段的地层情况。这种开挖探沟了解地层的做法，开启了中国史前考古学史上的先河，成为以后中国考古学的主要方法之一。共发现墓葬 10 座，发掘出土了一批陶器、石器、骨器，获得了丰富的文物资料，为研究仰韶文化奠定了基础。袁复礼当时担任了测绘工作，他绘制的仰韶村遗址地形图是中国考古学史上最早的一幅田野考古作品。

仰韶村遗址的发掘，使得大量的文化层和袋形灰坑被发现，获得了一批磨制石器、骨器、蚌器和大量彩陶。为了保护好出土的陶器和陶片，安特生发明了在器物和陶片上糊上棉纸再外敷面浆的遗物包装方法，并将它们分为红、黑、灰 3 种类别，还对各层陶片进行了详细统计。在出土的陶器中，陶制人头形器盖尤为珍贵。类似这样的器物在安特生之后的发掘中很少再被发现。

第二次发掘

1951 年 6 月 28 日至 7 月初，中国考古研究所河南调查团著名考古学家夏鼐、安志敏一行 4 人到仰韶村遗址进行了第二次发掘。

夏鼐、安志敏等参加仰韶村遗址第二次发掘现场

仰韶村遗址第二次发掘纪念碑石

发掘时开挖探沟 1 条，有排列稠密的 9 座墓葬和红底黑彩、深红彩陶罐、陶钵、小口尖底陶瓶、灰褐夹砂陶鼎。同时还发现有龙山时期的磨光黑陶、方格纹灰陶等，说明仰韶村遗址可能存在着仰韶、龙山混合文化。通过这次发掘，基本明确了仰韶文化的性质和面貌，对研究我国新石器时代文化有着重要的指导意义。

第三次发掘

1980 年 10 月、11 月和 1981 年 3 ～ 4 月，为探寻仰韶人的居住和生活状况，河南省文物研究所先后派赵会军、丁清贤等带队，分成 2 批，在渑池文化馆的配合下，对仰韶村遗址进行了第三次发掘。

第三次发掘是在遗址文化层堆积较厚的台地展开的，其主体工程在路东的建房区。共开挖探方 4 个、探沟 4 条，发掘面积 200 余平方米。发现房基 4 处、窖穴 41 个，出土陶器、石器、骨器、蚌器 613 件。

第三次发掘基本弄清了仰韶村遗址属于仰韶和龙山 2 个考古学文化，发现了 4 个不同发展阶段的地层叠压关系。根据文化堆积层和出土器物等的特征，发掘者将仰韶村遗址分为 8 层、4 期。

仰韶村遗址经过 3 次发掘，获得的资料证明：遗址包含了仰韶和龙山 2 种文化，它们的关系是承上启下、相互衔接的。至此，仰韶村遗址内涵得到了准确定论。

仰韶村遗址虽然是仰韶文化的首次发现地，但由于仰韶村遗址是不同地层相互叠加，一度引起了仰韶文化概念的混淆。3 次发掘后，其内涵基本清楚，但碳十四鉴定尚待进行。

仰韶村遗址第三次发掘现场

通过 3 次对仰韶村遗址的发掘，对仰韶村遗址的文化内涵有了更清晰的认识，随之展开的仰韶文化研究如火如荼。国内外学者及爱好者纷至沓来，参观调研，仰韶村因此成为考古人心中的圣地。

仰韶村遗址断壁文化层

仰韶村遗址断壁文化层位于仰韶村遗址中部道路两侧、“安特生小道”两侧和遗址南部冲沟台地上，长度达1500余米，厚度有2～4米。遗址断壁文化层中的灰坑、窖穴、房基遗迹分布稠密，为研究文化分期提供了坚实的基础。

仰韶村遗址断壁文化层

2011年建设了仰韶村遗址断壁文化层保护房，该保护房长270米、宽3.5米、高4.5米。采用砖混结构，外面大玻璃窗可直接看到房内文化层，内部铺设了木质步道和隔断护栏，并在各遗迹处设置了提示说明牌。

文化层是指有人类长期在这里居住的地层，其中夹杂着人们有意丢弃或无意失落在地表上形成的熟土，我们把这个含有人类文化遗物的熟土层称为文化层。文化层越靠下，表明它离今天的时间越久远。仰韶村遗址文化层主要包括仰韶文化中期和晚期、龙山文化早期和中期。文化层以下是生土层，无人类活动过。

在仰韶村遗址断壁文化层中发现有很多的草木灰，质地非常细，堆积特别厚，表明人类在这里居住时间非常长。

文化层中的草木灰残留痕迹

草木灰是柴草燃烧后残留的灰烬物质，属碱性，主要成分是碳酸钾。

仰韶村遗址断壁文化层中还存在着叠压在一起的2个灰坑，有早有晚，年代不同。灰坑地面平整光滑，有打磨痕迹，防潮效果比较明显。因口比较小，底部较宽，形似口袋，也叫袋形灰坑。仰韶村遗址灰坑众多，有力地证明了曾经有人类在这里定居过，人口也比较多。

文化层中的袋形灰坑

文化层中的灰坑

灰坑是古代人类留下的遗迹之一，包含了很多当时在此生活的人们有意或无意留下的物品，其主要特点是呈灰色或因夹杂其他有机物而分解形成的颜色（如褐色），土质也较同一地点的其他土要软。

在断壁文化层保护房里还可以看到仰韶时期的房基——夯土层。最早人类居住在山洞里，到新石器时代，人们按照山洞的形式在地上挖坑，也就是半地穴式房屋，由于地面非常潮湿，不利于居住，他们经过不断探索，就形成了房屋的最初模样。有的房基地面有 2 厘米左右厚的夯土层，地平处理非常光滑，层次分明。在仰韶村遗址文化层中还发现有比较大的房基，夯土层厚度达 10 厘米左右，在夯土层中还出现了原始加工材料——青石，推断这种较大的房屋可能是地位比较高的人的居住址。

夯土层

房基剖面

仰韶文化的制陶比较发达，在当时人们居住的村落中，都有专门烧制陶器的窑场和作坊。从考古发现来看，仰韶文化时期的陶窑主要是竖穴窑和横穴窑，它们都是由火膛、火道、火眼、窑室等组成。在火膛中燃烧起来的火焰进入火道，经火眼到达窑室。这两种窑由于有了窑室，不是直接在火焰上烧烤陶器，比原始的篝火式或炉灶式有了很大的进步。分析出土陶片的烧结状况，彩陶的烧成温度已达 950℃。仰韶村遗址断壁文化层中有 1 座窑址，从现状来看，规模不大，有明显的烧结块，大的陶器可烧制 3 ～ 5 件，小的可烧制 10 ～ 14 件。

陶窑（左）及陶窑特写（右）

仰韶时期，家畜、家禽种类有猪、狗、牛、羊、鸡等。猪是我国最早饲养、最普遍，也是最重要的家畜。在仰韶村遗址断壁文化层中还发现了人们遗留的一组猪骨，说明这一时期的家畜饲养业已十分发达。

猪骨

文化分期

对仰韶村遗址的第三次发掘，基本上弄清了仰韶村遗址的文化内涵，证明仰韶村遗址确实存在仰韶和龙山 2 个时期的文化，4 个文化层相叠压，分别代表了 4 个不同的发展阶段，自下而上分别是仰韶文化中期、仰韶文化晚期、龙山文化早期、龙山文化中期。

仰韶村遗址清晰可辨的文化层

第一期文化

仰韶村遗址第一期文化遗存中，红陶多，灰陶和黑陶比较少见，陶器表面的纹饰主要是线纹，其次是弦纹和划纹，另外还有少量的窝点纹、附加堆纹、篮纹、绳纹和彩绘。彩绘的数量不多，颜色以黑彩为主，红彩和白衣彩陶比较少见，纹饰有圆点纹、三角纹、月亮纹、花瓣纹、网纹、线纹、弧边三角纹和宽带纹。陶器的种类有小口扁体釜、折腹釜、盆形灶、大口罐、深腹罐、折腹碗、敞口碗、盆、器盖、瓮等。从文化面貌分析，属于仰韶文化中期的庙底沟类型。

第二期文化

仰韶村遗址第二期文化发现的陶器不多，遗物不很丰富。从出土的敞口平折沿浅腹盆、罐形凿状足或锥状足的鼎、敞口浅腹圈足豆、小口饰绳纹和附加堆纹的鼓罐、底部夹角呈钝角或直角的小口尖底瓶以及钵、碗等陶器来看，属于豫西、晋南和陕西东部地区的仰韶文化晚期发展阶段，即仰韶文化晚期的西王村类型。

饰有附加堆纹的彩陶罐

附加堆纹是陶器的装饰纹样之一，出现于新石器时代。制作方法：有的用细泥条组成各种花纹；也有用宽泥条缠绕颈、腹部，上面还加印绳纹。这种纹饰不仅使陶器增添了美感，而且起到了加固器壁的作用。

第三期文化

仰韶村遗址第三期文化遗存中，灰陶多，红陶少，彩陶更少。陶器表面的纹饰以横篮纹为主，附加堆纹次之，另外还有少量的划纹、弦纹、绳纹和方格纹；陶器种类有敞口浅腹平底三足鼎、通身饰篮纹和附加堆纹的卷沿深腹罐、大深腹平底罐、小口高颈尖底罐、敞口盆、高圈足镂空豆、敞口碗、圈足碗、单耳罐、倒置似圈足的器盖等，属于河南龙山文化早期的庙底沟二期类型。

第四期文化

仰韶村遗址第四期文化中，陶器的造型比较规整，烧制温度高，陶胎薄，轮制技术已普遍使用。陶器表面的纹饰主要是绳纹，其次是篮纹和方格纹，另外还有凸棱纹、附加堆纹、弦纹和乳钉纹；陶器种类有单耳鬲、方唇折沿深腹罐、敛口鼓腹通身饰绳纹或竖篮纹的大口罐、小口短颈斜肩平底罐、敞口盆、镂空盆、圈足碗、高圈足杯等，属于河南龙山文化中期的三里桥类型。

第三章

灿若繁星

自1921年发现仰韶村遗址后，经过近百年时间、数代考古人的不断努力探索，基本搞清了仰韶文化的范围：分布于河南、陕西、山西、甘肃、青海、内蒙古、宁夏、湖北、河北9省（区），中心地区位于豫西、晋南、陕东一带，它对东北的红山文化、山东的大汶口文化、长江流域的大溪文化都有较大的影响。由于仰韶村遗址发掘的较早，所留资料不多，但从遍布全国各地的其他仰韶文化遗址中，我们能够看到仰韶文化的灿烂辉煌。

仰韶文化

仰韶文化，承前启后，是华夏文明生成的基础；聚落和人口的膨胀，城的出现，礼制的趋于规范化、文字的萌芽，是仰韶文化迈向文明的脚步。不同时期、地域的仰韶文化遗址，其文化面貌也不尽相同，因而考古界又把仰韶文化划分为半坡、庙底沟、后岗、西王村等多个文化类型。

仰韶文化自发现以来，至今已查明遗址达7000余处，它们犹如繁星点点，分布于河南、陕西、山西、甘肃、青海、内蒙古、宁夏、湖北、河北9省（区），其中尤以陕西、河南最为密集。它的影响深入长江中游、海岱及长城地带，上下延续了2000年，孕育了丰富的文化。不同的地域，有着不同的文化特征，考古学上将它们分为半坡、后岗、下王岗、史家、庙底沟、八里岗、西王村、大河村、海生不浪等多个文化类型，它们共同组合成仰韶文化的大家庭，为我们展现出距今7000～5000年间华夏大地上那波澜壮阔的历史画卷。

仰韶文化区系类型与年代分期表

<table>
<tr><th>分期</th><th>分段</th><th>关中豫西晋南区</th><th>甘青区</th><th>豫中区</th><th>豫北冀中南区</th><th>豫西南鄂西北</th><th>陕晋冀蒙长城区</th></tr>
<tr><td rowspan="3">早期</td><td>一段
距今
7000～6900年</td><td>零口二期遗存</td><td></td><td>石固五期遗存</td><td>北福地一期甲类遗存</td><td>大张庄遗存</td><td></td></tr>
<tr><td>二段
距今
6900～6300年</td><td>半坡类型</td><td></td><td colspan="2" rowspan="2">后岗类型</td><td rowspan="2">下王岗类型</td><td rowspan="2">石虎山类型</td></tr>
<tr><td>三段
距今
6300～6000年</td><td colspan="2">史家类型</td></tr>
<tr><td>中期</td><td>四段
距今
6000～5500年</td><td colspan="3">庙底沟类型</td><td>钓鱼台类型</td><td>八里岗类型</td><td>王墓山类型</td></tr>
<tr><td>晚期</td><td>五段
距今
5500～4900年</td><td>西王村类型</td><td>石岭下类型</td><td>秦王寨类型</td><td>大司空村类型</td><td>赵湾类型</td><td>海生不浪类型</td></tr>
</table>

仰韶文化重要遗址一览表

遗址名称	所在地区	遗址面积（平方米）	发掘时间	主要发掘者	文化类型
仰韶村遗址	河南渑池	30 万	1921 1951 1980	安特生、袁复礼、中国科学院考古研究院（夏鼐、安志敏）、河南省文物研究所（赵会军、丁清贤）等	庙底沟类型、西王村类型、龙山文化庙底沟二期类型、龙山文化三里桥类型
西阴村遗址	山西夏县	45 万	1926	李济、袁复礼	庙底沟类型、龙山文化庙底沟二期类型
后岗遗址	河南安阳	10 万	1931 1958 ~ 1959	梁思永、吴金鼎、刘耀	后岗类型（发现仰韶、龙山、商文化三叠层）
半坡遗址	陕西西安	5 万	1954 ~ 1957	中国科学院考古研究所	半坡类型
庙底沟遗址	河南陕州	24 万	1956 ~ 1957 2002 ~ 2003	中国科学院考古研究所 河南省文物考古研究所	庙底沟类型、龙山文化早期
元君庙－泉护村遗址	陕西华州	60 万	1959	高明、杨建芳、张忠培、李仰松	半坡类型
横阵遗址	陕西华阴	12 万	1958 ~ 1959	中国科学院考古研究所陕西队	半坡类型（半坡类型早期、龙山文化早期、龙山文化晚期文化层相叠压）
王湾遗址	河南洛阳	0.8 万	1959 ~ 1960	北京大学考古实习队	半坡类型、庙底沟类型、秦王寨类型、龙山文化庙底沟二期类型
大司空村遗址	河南安阳		1958 ~ 1959	中国科学院考古研究所安阳发掘队	大司空村类型
西王村遗址	山西芮城	10 万	1960	中国科学院考古研究所山西工作队	西王村类型
下孟村遗址	陕西彬州	15 万	1959 ~ 1961	陕西省考古队	半坡类型、庙底沟类型
姜寨遗址	陕西临潼	5 万	1972 ~ 1979	西安半坡博物馆、临潼姜寨文化馆	半坡类型、史家类型、庙底沟类型、西王村类型、龙山文化客省庄二期

续表

遗址名称	所在地区	遗址面积（平方米）	发掘时间	主要发掘者	文化类型
史家遗址	陕西渭南	2 万	1976	西安半坡博物馆	史家类型
大河村遗址	河南郑州	30 万	1972 ～ 1978	郑州市博物馆	大河村类型、龙山文化
下王岗遗址	河南淅川	0.6 万	1971 ～ 1974 2009 ～ 2010	河南省博物院	下王岗类型、屈家岭文化、龙山文化、二里头文化等
大地湾遗址	甘肃秦安	110 万	1978 ～ 1984	甘肃省文物工作队	史家类型、庙底沟类型、石岭下类型
王墓山遗址	内蒙古乌兰察布	1.1 万	1986	凉城文物考察队	王墓山类型
西水坡遗址	河南濮阳	5 万	1987	河南省文物研究所	后岗类型
西山遗址	河南郑州	20 万	1993 ～ 1996	国家文物局考古领队培训班	大河村类型
八里岗遗址	河南邓州	6 万	1991 ～ 1996	北京大学文博学院考古系、南阳市文物研究所	八里岗类型、屈家岭文化、石家河文化
零口遗址	陕西临潼	2 万	1994 ～ 1995	陕西省考古所	老官台文化、零口文化、半坡类型
西坡遗址	河南灵宝	40 万	2000 ～ 2006	中国社科院考古所、河南省文物考古研究所	庙底沟类型

典型仰韶遗址

仰韶文化大家庭为我们展现了距今 7000 ~ 5000 年前先民们的生活场景，它影响了大半个中国，是华夏族群形成过程中的第一次大融合。文明的曙光，闪耀中原，映照华夏；文化的熔炉，铸就辉煌，启封文明。仰韶文化前后延续了 2000 年，纵横数千里，分布广泛。

半坡遗址

半坡遗址位于西安市东郊浐河、灞河之间，浐河、灞河是古代“八水绕长安”中的两条最重要的河流。半坡遗址于 1953 年被发现，面积为 5 万平方米，从 1954 年 9 月到 1957 年夏季进行了 5 次发掘，发掘面积 1 万平方米。发掘出比较完整的房屋 46 座、圈栏 2 处、窖穴 200 多个、各类墓葬 250 座、陶窑 6 座，出土了大量的生产和生活用具。

半坡聚落复原场景

中华人民共和国成立后，中国的考古事业迎来了蓬勃发展的新时代。1953年春天，西安灞桥火力发电厂在施工中发现了大量彩陶，随即把这一发现报告给中央文物局和中国科学院考古研究所。前来考察的中国科学院考古研究所工作人员石兴邦在经过初步考察后认定，这是一处仰韶文化时期较为成熟的文化遗存。第二年秋天，半坡遗址开始正式发掘，主持者就是当年才31岁的石兴邦。发掘工作开始不久，一座面积达160平方米的半地穴式房屋遗迹便呈现出来；1年以后，一个以大屋为中心建成的史前氏族村落遗址首次面世。紧接着，仰韶文化遗址发掘以来第一个庞大的陶罐群赫然呈现，一个个神秘的人面鱼纹盆，在众人的期待里划过一道绚丽的光芒，诉说着一段数千年前古老而浪漫的往事风云。

就这样，黄河流域规模庞大、保存最完整的原始社会母系氏族村落遗址及其生活场景，在考古人员的手下得到了完整而生动的重生。与此同时，仰韶文化中的一个丰富而崭新的文化类型——半坡类型由此确定。

在这次发掘中，石兴邦利用人类学的知识背景，打破以往专注于器物考古的局限，对整个氏族聚落做了经济、生活、文化、宗教等全方位的考察，从而为中国新石器考古研究建立了一个重要的模式——全景式聚落考古。

半坡遗址由居住区、制陶区和墓葬区3部分组成。居住区是村落的主体，面积大约3万平方米，居住区内集中分布着各式房屋、储存东西的窖穴、饲养家畜的圈栏以及小孩的瓮棺葬群。聚落中心是一座160平方米的大房子，这是在半坡遗址发现的最大的建筑，面积相当于其他小房屋的10倍，是氏族举行集体聚会、商讨事务和决定事务的权力中心，也是举行宗教礼仪、祭祀祖先、推举首领、欢庆丰收等公共活动的场所。大房子是整个半坡聚落的核心建筑，周围的中小型房屋的门都朝向大房子，体现了半坡氏族是一个以浓浓血缘关系为纽带组成的团结向心的整体。墓葬区是埋葬成年人的公共墓地，说明当时人们不但已经有了比较复杂的灵魂观念，而且有了葬礼这种宗教行为。

遗址中一共发现了6座陶窑，分为横穴和竖穴2种，由火膛、火道、窑箅和窑室组成。半坡人早期使用的是横穴窑，后期使用的是竖穴窑，竖穴比横穴先进。陶器是人类第一次借助水、火的帮助，通过化学变化制做出的物质，制陶术是人类在与大自然斗争中一项划

时代的发明创造。半坡人制作陶器时主要有 2 种方法：泥条盘筑法，是制作陶器的主要方法；捏塑法，主要用来制作小的器皿，直接制成泥胎去烧制。

半坡出土的陶器种类繁多，有用经过筛选的陶土制成的表面光洁、质地细腻的细泥陶饮食器具，像碗、壶、盆、杯等，也有用掺着粗砂的陶土制成的耐高温、不易破裂的夹砂陶炊具。半坡类型的文化特征以砂质陶罐为主，不见或很少见鼎和釜。彩陶纹饰以鱼纹图案为主，另外还有人面纹、蛙纹、网纹等。半坡遗址展现了距今 6700 ～ 5600 年间黄河流域一处典型的母系氏族聚落遗迹，是人类社会发展史上一个历史阶段的真实见证。

鱼纹在半坡彩陶纹饰中占主导地位，鱼纹的大量出现，正是捕鱼生产的真实写照。人面鱼纹彩陶盆的整个画面由人头、鱼身两部分组成，人的面部绘有形象的眼睛、鼻子和嘴，嘴角衔着两条小鱼。半坡人为什么要把人和鱼如此密切地联系在一起呢？神秘莫测的人面鱼纹又有着怎样的含义呢？目前，考古界对此有 30 余种说法。有些考古学家认为，人面鱼纹是半坡人祈求捕鱼丰收的愿望，比较普遍的解释是“寓人于鱼”或“鱼生人”，表示人由鱼演化而来。

半坡遗址出土的人面鱼纹盆

人面鱼纹彩陶盆是西安半坡遗址出土的最具代表性的器物，也是半坡彩陶艺术的精品。

“彩陶形制美，画纹亦多殊。或则呈人面，或则呈双鱼。农耕既普及，人群已聚居。护壕深二丈，其广亦相如。奈何遗址中，独不见文书。”这是1959年夏郭沫若参观西安半坡遗址后有感而发题写的一段诗文。

半坡遗址出土的鱼纹盆

半坡遗址出土陶器上的各种鱼纹

大地湾遗址

大地湾遗址位于甘肃省天水市秦安县东北45千米处的五营乡邵店村东侧，分布在葫芦河支流清水河南岸的第二、第三级阶地相接的缓坡山地上。遗址分布范围北起清水河河边阶地，南至山顶堡子，东西两侧分别以冲沟和冯家沟及阎家沟的溪流为天然屏障，海拔1458～1673米，总面积275万平方米。

遗址面临清水河，背依山地，这里河谷地势平坦而宽阔，南岸台地宽500～600米，北岸台地窄而陡峭，所以先民们选择南岸而居。

1978～1984年，甘肃省文物工作队进行了连续性考古发掘，发掘面积13800平方米。出土了陶、石、玉、骨、蚌等器物近万件，房址241座，还有灶址、灰坑、墓葬、窑穴等遗迹。大地湾遗址文化内涵丰富，研究证明该遗址延续时间长（除大地湾一期文化遗存外，其他各期文化均有较强的延续性），为甘肃史前考古树立了距今7800～4800年的断代标尺，同时为甘肃东部及南部地区建立起较为完整的史前文化发展序列。大地湾遗址拥有6项中国考古之最，堪称“黄土高原上的文化奇迹”。

大地湾遗址发掘现场

大地湾遗址

中国最早的宫殿式建筑

在距今5000多年的仰韶文化晚期，建筑已彻底脱离了半地穴的模式，改换为高大宽敞的平地起建房屋。在大地湾遗址发现了一座被称为“原始人大会堂”的建筑，这座编号为F901的大型建筑占地420平方米，整座建筑既有主室和侧室，又有后室和门前附属建筑，其保存之久、规模之大、结构之复杂、工艺之精湛，均为中国史前建筑所少见。该建筑是中国殿堂式建筑的雏形，应该是部落首领的聚会场所，说明当时人们已经掌握了一些较复杂的建筑技术，能够建造规模较大的会堂式房屋。

F901推测复原示意图

大地湾遗址F901

中国最早的“混凝土”地面

在F901房址中有130多平方米的主室，最让人百思不得其解的是主室的居住面上竟然粉饰了一层我国乃至世界上最早、最原始的类似现代水泥的地面。地面全部为料礓石和砂石混凝而成，类似现代的水泥地面，若仔细观察，光面可见建造时遗留的大量细微摩擦痕，外观极像现代水泥的地坪。科研人员对地面研究分析后发现，其物理性能、抗压强度相当于现在100号水泥砂浆地面的强度，这与古罗马人用火山灰制成的水泥同属世界上最古老的混凝土。

F901 主室地面

中国早期旱作农作物标本

大地湾一期出土的碳化稷标本，与国外最早发现的希腊阿尔基萨前陶器地层出土的同类标本时代相近，它的发现表明了中国北方最早种植的粮食品种为稷，然后才是粟的推广。而此前国内考古发现的北方农作物标本大多是粟，时间距今7000年左右。

早期文字的雏形

大地湾一期出土的陶器上共发现了十几种彩绘符号，比半坡陶器刻画符号的时间早了1000多年，且有一些符号与半坡符号基本一样。虽然这些神秘符号的含义至今未被破解，但专家们认为，它们可能就是中国早期文字的雏形。

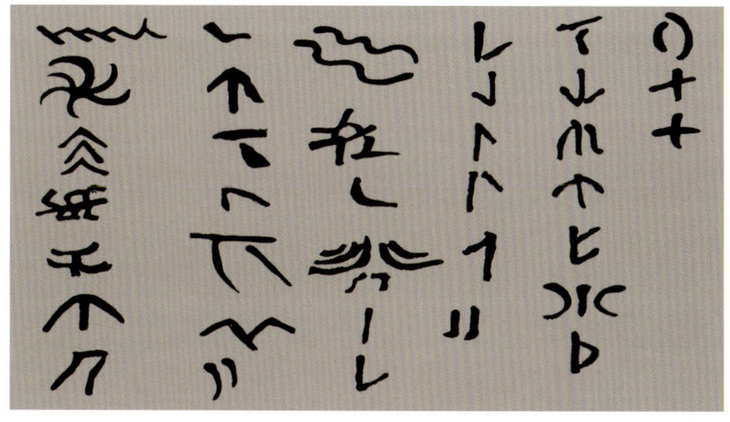

大地湾遗址出土的陶器上的彩绘符号

中国最早的绘画

大地湾编号为F411的房址地面上发现的一幅用黑色颜料绘制的地画，这是中国目前发现的时代最早的独立存在的绘画。这幅长约1.2米、宽约1.1米、大部分保存完好的地画，改写了中国美术史，将其时间向前推了2000多年。

大地湾遗址F411房址地面

中国最早的彩陶

大地湾一期文化出土的三足钵等200多件彩陶，是中国迄今为止发现的时间最早的一批彩陶。这批紫红色彩陶图案虽还不太完整，却将中国彩陶制造的时间向前推了1000年，并以不容置疑的事实说明，西北黄土高原地区就是中国彩陶的起源地。

大地湾一期宽带纹三足彩陶钵

这件宽带纹三足彩陶钵在口沿外绘1圈2～4厘米宽的红色宽带纹，内沿绘1圈窄带纹。彩陶纹样很简单，彩绘的红色也很灰暗，说明彩陶还处于萌芽阶段。但这种稚拙的制陶工艺为中国彩陶文化的发展拉开了序幕，凝聚了先民巨大的智慧和丰富的想象力。它不仅为原始艺术的发展开辟了天地，而且为我们找到了中国传统绘画艺术的源头——大地湾。

庙底沟遗址

庙底沟遗址位于河南省三门峡市陕州区西南庙底沟村北，村落里的房屋多以窑洞为主，因西边的深沟而得名庙底沟村。在经过多次考察后，1956～1957年，为配合三门峡水库建设进行了第一次发掘，发掘面积18000余平方米，文化层厚2～5米。发现了一批房基、灰坑、墓葬和大量的陶器、石器、骨器、蚌器等。

庙底沟遗址

遗址中发现的仰韶文化与早期龙山文化的叠压关系，进一步证明了中华民族的祖先从远古时代经过仰韶文化、龙山文化直至商周，在黄河流域延续活动并创造了高度文明的发展轨迹。

至此，仰韶文化中最重要的两大类型之一、半坡类型后仰韶文化中最为繁盛的又一个类型——庙底沟类型被考古界确认命名。

庙底沟遗址出土物的文化特征是以釜为炊具，一般与灶配合使用，尖底瓶最明显的特征是双唇口，彩陶以黑彩为主，纹饰以花卉、涡纹为主题，另外还有鸟纹等。出土陶器以红底黑花为特征，从器物上的纹饰和造型可以断定，其中的一些器物已不仅是以实用为主，隐隐显示出礼器的先兆。

庙底沟文化彩陶是仰韶彩陶的杰出代表。往东到山东境内，往北超越河套地区，到了呼和浩特南线；往南到洞庭湖的边缘；往西一直到了青海。这么大的范围内的人们对这样的纹饰有着同样的兴趣，说明他们有共同的信仰，有同样的文化认同。

在此后全国发现发掘的新石器遗址中，庙底沟类型达数千处，东到山东、西到青海、南到湖南、北到内蒙古以及整个黄河流域，据专家考证，各庙底沟类型遗址与《史记》中所载的黄帝所至之处相似，应是“黄帝族系”所及之处。庙底沟类型的文化浪潮几乎覆盖了大半个中国，这种大一统的局面在我国新石器时代是绝无仅有的。这个时代标志着“早期中国文化圈”或文化“早期中国”的形成。

中国现代著名考古学家苏秉琦曾撰文：“仰韶文化诸特征因素中传播最广的属于庙底沟类型。遗存的分布中心在华山附近。”这正和传说中华族发生及其最初形成阶段的活动和分布情形相像。所以，仰韶文化庙底沟类型可能就是形成华族核心的人类遗传。

庙底沟类型彩陶是仰韶文化繁荣时期的杰出代表，是中国原始艺术发展的巅峰。庙底沟彩陶的彩绘图案以植物花纹和几何图纹为主，这种植物花纹多以弧边三角、圆点、曲线和底纹组成，形成了构图严谨、线条流畅、繁复多变、美轮美奂的庙底沟彩陶艺术。

庙底沟遗址出土的曲腹彩陶盆

大河村遗址

1964 年秋，郑州市区东北郊杨槐村的一位村民正在一片阳光灿烂的土岗上开挖用来储藏红薯的窖穴，令他没有想到的是，他年复一年、毫无新意的劳动在这一年却震动了中国的考古界：当他下挖到 2 米深的时候，铁锹突然碰到一件金属物，他蹲下身子用手翻刨，发现一面带有纹饰的铜镜。出于好奇，他继续向下挖，结果挖出一座古代墓葬。他感觉事关重大，便立即来到郑州市博物馆报告铜镜的出土情况，由此，黄河流域又一处新石器时代完整的村落遗址——大河村遗址被发现。

大河村遗址位于郑州市东北郊柳林乡大河村西南的高岗上，面积约 30 万平方米，文化层厚 4 ～ 12 米，从 1972 ～ 1978 年先后进行了 21 次发掘，揭露面积 5000 余平方米。该遗址是一处包含有仰韶文化、龙山文化和夏商时期文化的大型古代聚落遗址，距今约 5000 年。遗址发掘时最引人注目的是发现了大量红烧土块上印有清晰的木柱、横木和芦苇痕迹。另外，还有丰富的白衣彩陶片，这在同类遗址中较为罕见。经过多次发掘，截至目前，大河村遗址共发现房基 57 座、窖穴 500 余座、墓葬 400 余座、壕沟 5 条，出土陶、石、骨、蚌、角、玉等材质的珍贵文物 3500 多件，各类标本 20000 余件，为再现大河村先民的生产、生活面貌奠定了基础。大河村遗址的遗迹、遗物非常突出，拥有我国迄今发现、保存最完好的史前居住基址，其“木骨整塑”的建筑工序和施工方法，为中国古代建筑提供了罕见的实物资料。

大河村遗址保护碑

大河村遗址 F1 ～ F4

大河村遗址的房屋建筑以平地起建的木骨泥墙方形屋为主，并出现了连排房和套间房。编号为 F1 ～ F4 的房屋遗址就是连间套房，被形象地称为“三室一厅”。虽历经 5000 余年，仍保留有完整的平面布局和 1 米多高的墙体，是典型的“木骨整塑”建筑形式。它的建成奠定了中国北方传统民居建筑的基本形制，对于研究中国古代建筑史、探讨当时社会的组织结构以及婚姻、家庭发展状况具有重要意义。

大河村遗址出土的白衣彩陶盆及展开图

白衣彩陶盆由泥质红陶制成，上腹微鼓，下腹急收，底部残失。口径 46 厘米，高 15.2 厘米，底径 12.5 厘米，最大腹径 36.8 厘米。内壁和上腹部均施白衣。口沿饰以由红彩直线纹、白彩弧形三角纹、红彩圆点纹、黑彩弧线纹等组成的 8 组一模一样的图案，腹部饰以由黑彩月亮纹、弧形三角纹、圆点纹、红彩直线纹、弧线纹等组成的 4 组一模一样的图案，表明古人在绘制陶器纹饰时已经采用对称等分的手法。

大河村遗址博物馆的藏品主要来源于考古发掘，以仰韶文化彩陶最具特色，尤其是彩陶双连壶、白衣彩陶盆、白衣彩陶钵、“∽”纹彩陶罐等都是不可多得的原始艺术珍品。彩陶色彩鲜艳夺目，内容独具匠心，在仰韶文化中独树一帜。特别是彩陶片上的天文图案是我国最早的天文学实物资料，对研究我国古代天文学和历法的产生、发展具有十分重要的科学价值。

大河村遗址出土的彩陶双联壶

彩陶双联壶，酒具或水器。1972年，这件后来被称为双联壶的陶器破土而出，随即震惊世界。彩陶双联壶是中国新石器时代遗址考古发现中一件非常独特的器物，曾被誉为中国最美的彩陶。它巧妙地运用了连通器的原理，将两件造型相同的陶壶连为一体，腹部连接处有一椭圆形孔相通。泥质红陶，壶体为喇叭口、束颈、鼓腹、小平底，一侧有半环状器耳。通体施棕红陶衣，上绘黑彩平行线纹，壶体平行线中夹绘着竖短线，另一平行线中夹绘着斜短线，使围绕壶体的装饰线条在重复中巧妙变化。双联壶在造型和纹饰上体现了平等和沟通，表达了你中有我、我中有你、对立统一的思想观念，堪称上古时代的艺术佳作。

大河村遗址盛行白衣彩陶和双色彩绘，彩陶图案以日、月、星等天象纹和“S”纹、“X”纹为其显著特色。出土的天文星象图案种类和数量较多，内容丰富，有太阳纹、月亮纹、日晕纹、彗星纹、星座纹等。

大河村遗址出土的太阳纹彩陶片

大河村遗址出土的月亮纹彩陶片

大河村遗址出土的彗星纹彩陶片

大河村遗址陶片上的日晕纹平面图

星象图案

太阳纹、月亮纹、日晕纹、彗星纹的发现，是大河村先民观察和利用天文知识的体现。图案的具体形制可能表明日、月、年等时间概念，其中特别值得一提的是日晕纹。

《吕氏春秋》上说："其日有晕珥。"所谓"晕珥"，就是"气围绕日周匝，有似军营相围守，故曰晕也"，晕珥即日晕现象。日晕纹围绕着光芒四射的太阳，在周围两侧弧线纹处各饰射线纹，射线纹外又饰有月牙纹，再现了大自然奇特的大气光学现象。

大河村先民们为了生活和生产的需要，经常不断地在生活、生产的实践中，观察认识和总结一些自然现象和变化规律。其中包括与人类生存关系最密切的太阳、月亮和星体的一些运行和变化。如一些陶钵上绘有3个月亮纹，反映了先民们可能已经认识到3个月为一季度的自然规律。另有一些陶钵上绘有12个太阳，反映了先民们可能已经产生“十二个月为一年”的概念。他们将生动形象的花纹图案绘在一些陶器上，成为我国目前发现的最早的天文学资料，比我国殷商时代甲骨文中有关天文学的资料记载还早2000年左右，对研究我国古代天文学和历法的产生和发展具有十分重要的科学价值。

大河村遗址出土的彩陶钵口沿纹饰展开图

彩陶钵口沿部分均匀地绘出12个太阳纹，由此推测当时人们可能已经知道一年有12个月。太阳纹内侧的24个齿轮可能代表二十四节气。

后岗遗址

安阳后岗遗址是我国著名的考古学家梁思永先生于1931年春首次发现的一处重要的古遗址。遗址位于河南安阳市高楼庄村北约400米，坐落在洹河南岸一舌形河湾的高岗上。岗呈不规则的椭圆形，南北长约400米，东西宽约250米，遗址总面积约10万平方米。包含

有仰韶、龙山和商3个不同时期的文化遗存，其中以龙山文化遗存的分布范围最广、遗物最丰富。该遗址从1931年春至1934年春，共发掘过4次。发掘区主要在岗顶附近及遗址的北半部，发掘面积总计1209平方米，距今6000～3100年。

后岗遗址发掘现场

后岗遗址是殷墟的重要遗址之一。考古学家梁思永在遗址内发现了著名的仰韶文化、龙山文化、商文化的“三叠层”地层关系，从而解决了三者的年代顺序问题，轰动了中外学术界。

后岗遗址下层是以红陶为主的仰韶文化，中层是以黑陶为代表的龙山文化，上层是以白陶为代表的商代晚期文化。根据该遗址内的“三叠层”，首次判明了中原地区仰韶文化、龙山文化和商文化3种文化的相对年代关系。后岗遗址的商文化与中国新石器时代的文化一脉相承，为探索商代文明乃至中国古代文明起源提供了重要线索。

遗址出土的仰韶文化的彩陶钵、碗、罐形鼎，以及三角斜线纹、多道短线纹等彩陶纹样特征鲜明，其遗存被命名为仰韶文化后岗类型。

遗址中龙山文化的建筑遗迹很重要，有房址 39 座，有的房屋还用幼童作奠基人牲。还发现商代大墓与圆形祭祀坑，坑内埋有 73 具骨骼，多是男性青壮年及儿童，少数为女性青年。此坑是商代晚期杀人祭祀的重要遗迹，反映了商代奴隶社会残酷的人牲制度。

八里岗遗址

八里岗遗址位于河南邓州市东约 3000 米处湍河南岸八里岗西北的坡状高岗上，距今约 6800 年，文化层厚 3 ～ 5 米，面积 6 万平方米，是新石器时代的古文化部落遗址，1957 年被发现。1991 ～ 1998 年，北京大学文博学院考古系与南阳市文物研究所联合对八里岗遗址进行了多次发掘，揭露面积 5000 余平方米，出土了大量的遗迹和遗物，收获颇丰。其中，1994 年的发掘因发现了仰韶文化中晚期长排连间套房房屋基址而被评为当年的全国十大考古新发现。

八里岗遗址远景图

在发掘八里岗遗址的过程中发现了大量有价值的遗迹、遗物，有房基66座，墓葬150余座，灰坑、窖穴千余个，文物标本万余件，彩陶颜色有白衣赭彩和红衣墨彩2种。揭示遗址的文化层堆积自下而上依次为：仰韶文化早期、中晚期，屈家岭文化中后期，石家河文化。其文化序列比较完整，年代早，与之相关的迹象保存亦比较完备，为史前考古学通过聚落遗存研究当时的社会历史提供了一批较好的素材。

几次发掘所见遗迹均有窖穴和灰坑，分布密集，其间打破现象较多。大多数窖穴为圆形、口小底大的袋形坑，较完整的深3米多，有的坑壁抹泥，有的穴底铺垫碎红烧土层以防潮。不少窖穴的堆土经浮选采集到碳化稻谷及其他碳化果实，或出土整猪、整狗骨骼，还有若干窖穴废弃后用来葬人。

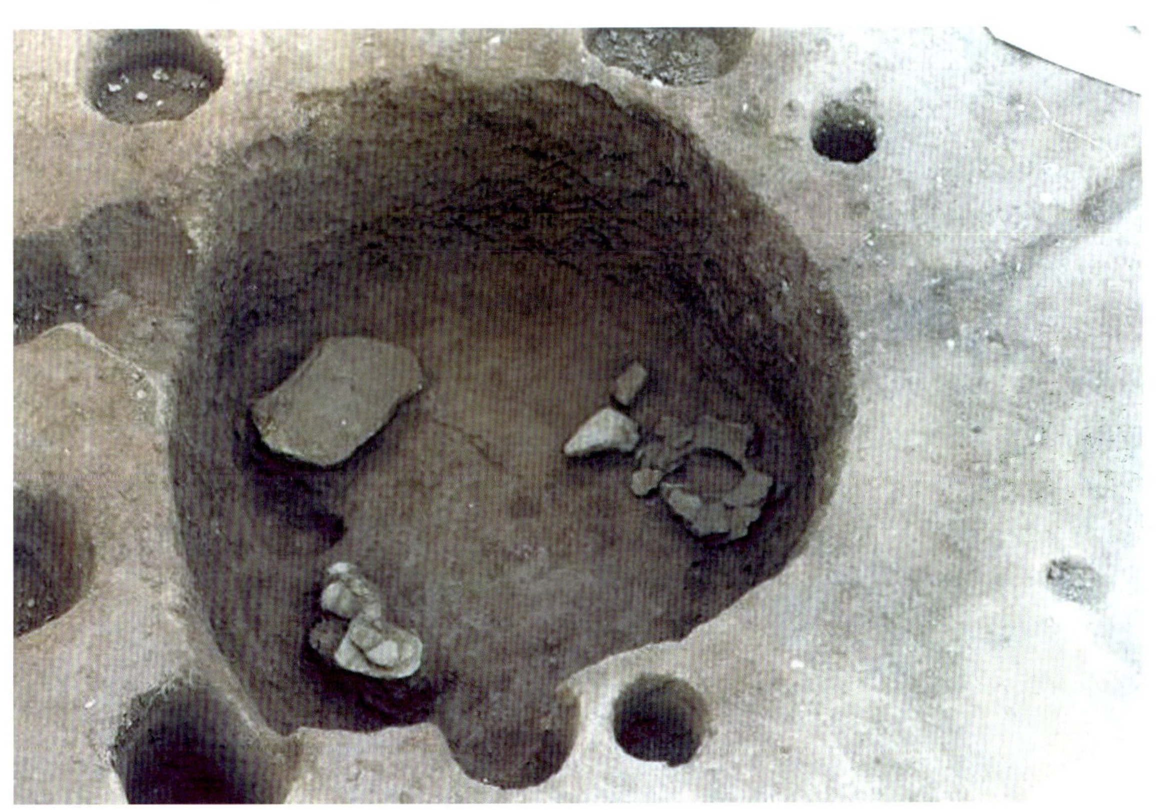

灰坑遗址

迄今清理的房屋基址绝大多数属仰韶晚期偏早阶段及庙底沟时期，多为分间长排房，也有双套间和单间。均呈东西走向，分为南北两排，间隔约20米，年代相应。两排内不同年代的房子层层叠压，但始终不离本排的位置。

两排房屋之间的地层堆积呈多层相叠的水平状，平整而较致密坚硬，包含遗物少而细碎，不见同期灰层或灰坑一类堆积，应当是一处由人工不断平整铺垫的空场。这两排房屋表明这一聚落区虽在长时期存在废弃与重建房屋的现象，但聚落布局经一次性规划后长期延续不变，是该聚落变迁过程中一段较为稳定的时期。

两排房屋不乏保存不好而仅余墙基或垫土者，但也有很多遭火焚毁弃，其墙体和居住面均被烧烤成坚硬的红烧土，因而保存状况良好，有的残墙尚高达 70 厘米左右，室内器物也因未搬走而遗留在原址。从发展情况看，所有长房的建筑方法基本一致。

八里岗遗址房屋

八里岗遗址已发现的房址均为地面多间式建筑，还发现了以排房为主要形式的聚落平面布局。它是我国目前所知年代最早的新石器时代排房式建筑遗址。

在以上房屋聚落遗存之下叠压着一处属于仰韶文化半坡类型的墓地。

墓葬排列大多紧密，叠压打破现象十分复杂，大约可以分为早晚两个阶段。早段者多为单人一次葬竖穴土坑墓，以东西走向、头向西者为多见；晚段者以多人合葬竖穴土坑墓为主，有的留有二层台，每墓葬数人至十数人，甚至近百人不等，多数为二次葬，少见一次葬。

各墓随葬品不等，少者 1 件，多者 20 余件，以陶器为主，有的以鼎、罐、钵、器座为一套。在墓地范围内还有多座圆形祭坑。抑或是与墓分开的随葬品埋纳坑，一般不大，埋有猪下颌骨和少量猪头骨。有的也同时出土数件陶罐、陶盖等明器。随葬陶器有鼎、罐、器座、钵、仓形器等，其中，陶仓形器外形特殊，为八里岗遗址所独有。

八里岗遗址的多人墓葬

八里岗遗址出土的陶仓形器

下王岗遗址

下王岗遗址位于河南省淅川县南盛湾乡下王岗村北高地上，面积6000余平方米，文化层厚3～5米。1971～1974年进行了第一次发掘，揭露面积2300平方米。包含新石器时代晚期到西周的不同文化层，而以龙山文化堆积层最厚，遗迹、遗物最丰富。这里揭露出仰韶、屈家岭、龙山3种文化的叠压关系，不仅证明三者之间的时间早晚，而且可以看出它们之间的发展变化关系，对研究中国江汉地区新石器时代文化的发展变化，及其向阶级社会过渡的历史，都具有重要意义。

下王岗类型以陶鼎为主要炊具，陶壶代替了尖底陶瓶。彩陶不多，色易脱落，多为绘彩，在彩陶纹饰中不见动物花纹。地方特色突出，是其他类型不可取代的。

下王岗遗址发现有仰韶文化、屈家岭文化、龙山文化、二里头文化、西周、汉、魏等不同时期的文化遗存。2009～2010年的发掘取得了重要收获：仰韶文化时期遗迹有灰坑、墓葬、房址、壕沟、围墙、窖穴等，其中仰韶文化的壕沟主要分布在遗址中南部，东西横跨遗址，而遗址的其他3面为丹江，这样的组合形成天然防御体系。遗址中发现一道东西长近50米的围墙，沿废弃后的壕沟北侧修筑，性质不明。墓葬新出土57座，见有单人、双人、多人合葬等多种葬式，也有数量不少的二次葬。此外，还发现两处墓葬较为集中的小型墓地，墓葬中以黑陶钵覆面的葬式十分特殊。新发现房址30座，可分为圆形、方形单间、方形连间等多种形式。

下王岗遗址

屈家岭文化时期的遗存相对较少，主要是灰坑和灰沟。龙山文化时期的遗存最丰富，2009～2010年新发现灰坑70个、灰沟6条、翁棺葬13座、窑1座，以及活动硬面3处。发现二里头文化时期灰坑、房址、窑等遗迹，其中带有3排柱洞的房基面积较大，近100平方米。西周时期有着丰富的文化堆积，西周文化层基本遍布整个遗址。

下王岗遗址壕沟发掘场景

下王岗遗址发掘场景

遗址中的新石器时代文化遗存从下到上初步分为5期。早一期仰韶文化层，石器分为打制和磨制两种，陶器以鼎、罐、钵、壶为主，具有仰韶文化早期特征，多红色素面，有一些单人仰身直肢葬土坑墓。早二期的仰韶文化遗存中，灰陶和棕色陶较多，以素面为主，有红衣黑彩、灰衣红彩和白衣彩陶，发现了1处以二次迁葬墓为主的大片墓地，多为埋2～6人的合葬墓，部分墓内陶器多系明器。

中期为屈家岭文化层，发掘出成排房门向南的双间式房基，残存有墙壁、柱洞、火烧地坪和铺席痕迹。晚一期文化的陶器中，包含有一些龙山文化的因素。晚二期是具有明显地方特点的龙山文化遗存，陶器多呈灰黑色，以饰篮纹、方格纹和绳纹为主，常见陶器有鼎、罐、瓮、豆、鬶与盉，发现一些成人墓和儿童瓮棺葬，有的陶瓮形制之大是罕见的。

商代文化遗存的陶器，近似二里头文化晚期，以饰印绳纹，间饰弦纹、附加堆纹和有鸡冠形双耳的灰陶器为主，有鼎、罐、大口尊、甑、瓮、豆、缸等。西周文化遗存中的陶器有鬲、罐、盆、豆，器表多饰粗绳纹，其中1件满饰压印暗纹的精致高柄黑陶杯，为他处西周遗址中所少见。

下王岗遗址的房基变化明显，早期是平地起筑圆形大房或半地穴式圆形大房，中期均为平地起筑的圆形房，晚期是长条形排房。已经发现的长条形排房长约85米，由29间单间房连成一排，是我国已发现的史前房屋遗址中长度最长、分间最多的一座。长屋西面有一间公共仓库，说明雨水较多，气候潮湿，不易挖地窖贮藏粮食，而必须设法隔潮，最好的办法是把粮仓架起来，这种高脚粮仓，至今在南方还很流行。

下王岗遗址因地处长江支流与黄河支流之间，对于研究中国南北新石器文化的分布、地域特点及相互关系，具有较重要意义。下王岗遗址的发掘，进一步证实了当地仰韶文化、屈家岭文化与龙山文化三者的早晚关系。早二期大批二次迁葬墓和中期成排双间式房基的发现，对于研究丹江沿岸新石器时代文化的内涵和发展，提供了重要资料。

第四章 走向文明

仰韶文化以其分布广泛、延续久长、内涵丰富，成为中国新石器时代一种重要的文化类型，展现了中国从母系向父系氏族社会转变并发展时期的文化成就。通过近百年来对仰韶文化各遗址遗迹和遗物的研究，将延续了2000年的仰韶文化呈现在人们面前。仰韶文化的次序发展、部落的交流与融合、物质与精神文化的创造与丰富，为中华民族核心思想与文化的形成奠定了坚实的基础。

经济生活

仰韶文化时期，先民们已有比较发达的锄耕农业，农耕及家畜饲养、渔猎采集是其重要的物质生活来源；以制陶为代表的手工业的发展，是先民们手胼足胝、辛勤劳作的结果；图案、造型、色彩完美结合的彩陶，是原始艺术中一朵璀璨夺目的奇葩。

原始种植

从历史的发展来看，人类文明有赖于农业的建立和发展。我国是世界上农业起源最早的国家之一，远在7000年前的仰韶文化时期就已经出现了原始农业。仰韶文化时期，各部落在继承前期各种传统生产方式的同时，农业经济已成为人们生产活动的主要组成部分。先民们依靠种植满足他们主要的食物来源，在各地的仰韶文化遗址中出土了大量先民们制作的农业生产工具，还发现了用来贮藏粮食的窖穴以及碳化的农作物颗粒等，表明当时的经济状况是以农业生产为主，畜牧、渔猎、采集为辅的综合经济结构。在仰韶村遗址发现了粟、稻米等农作物，在西安半坡、临潼姜寨、宝鸡北首岭、洛阳王湾等遗址中发现了大量的粟和黍类，证明当时的旱作农业水平已经很发达了。

种植粟场景还原

半坡遗址出土的盛有碳化粟粒的小罐

仰韶时代，人们在长期采集野生植物的过程中，逐步发现了植物的生长规律和特征，经过漫长岁月，把一种类似狗尾草的野生植物试植成了粟（粟就是平时人们说的谷子，去壳之后叫小米）。

原生狗尾巴草

现代种植谷子

粟为一年生旱作草本植物，根系发达，可从土壤深层吸收水分，而粟叶的表层硅质化，蒸腾系数小，对土壤中的水分利用率高，这些生理生态特征使其成为生长期短、适应性强的栽培农作物。中国作为种植粟最多、栽培历史最悠久的国家之一，其现代分布可北起黑龙江的黑河，南抵海南省的崖县，西至新疆、西藏，东至台湾，全国各地基本都有种植。但粟的种植面积最多的却地处黄河中下游的陕西、山西、河南、山东等省。由于粟具有早熟、耐旱、耐寒、耐瘠和能够适应季节性变化的生理特征，故通常被种植在海拔 1000 ～ 1500 米的丘陵上，在我国华北、西北高原以及东北西部的干旱、半干旱地区都有种植。中国粟的种质资源丰富，因其耐于储藏，富于营养，成为仰韶先民选育及栽培的主要粮食作物。

2014 年 8 月 19 号，中国社科院考古研究所研究员、植物考古专家杨金刚到仰韶文化博物馆参观考察，在仰韶村遗址断壁文化层保护房的草木灰中发现一粒黑色的物体，初步断定为稻米。在仰韶村遗址发现粟的基础上又发现了稻米，给研究仰韶文化时期仰韶村的生态环境、种植结构等提供了很好的佐证。1934 年，瑞典考古学家安特生首次提到，在河南的渑池仰韶村遗址一块陶片上发现有稻谷痕迹，后由 2 位瑞典植物学家艾德曼和苏德贝格采用灰像法鉴定为栽培稻壳，这是黄河中游地区最早发现的栽培稻米遗迹。

碳化稻米

仰韶先民以种植粟为主的农业相当发达。农业实行刀耕火种，即先用火将地表的草木烧成灰作肥料，再就地挖坑点种。仰韶文化中期开始出现耜、铲、锄等农具，可以有效地翻土和垦耕。仰韶文化晚期除沿用之前的生产方式外，又发明了犁等农具用于耕作。系列化的生产工具表明，仰韶时期从耕地、播种到收割、加工，已经有了一整套农业生产经验。

仰韶先民在长期的生产活动中积累了一整套农业生产经验：他们先砍伐和焚烧树木，然后翻地，把烧成的灰翻入地下作为肥料，便于农作物生长，接着播种，之后是中耕管理，接下来是收割，最后是加工粮食。

石镰复原图

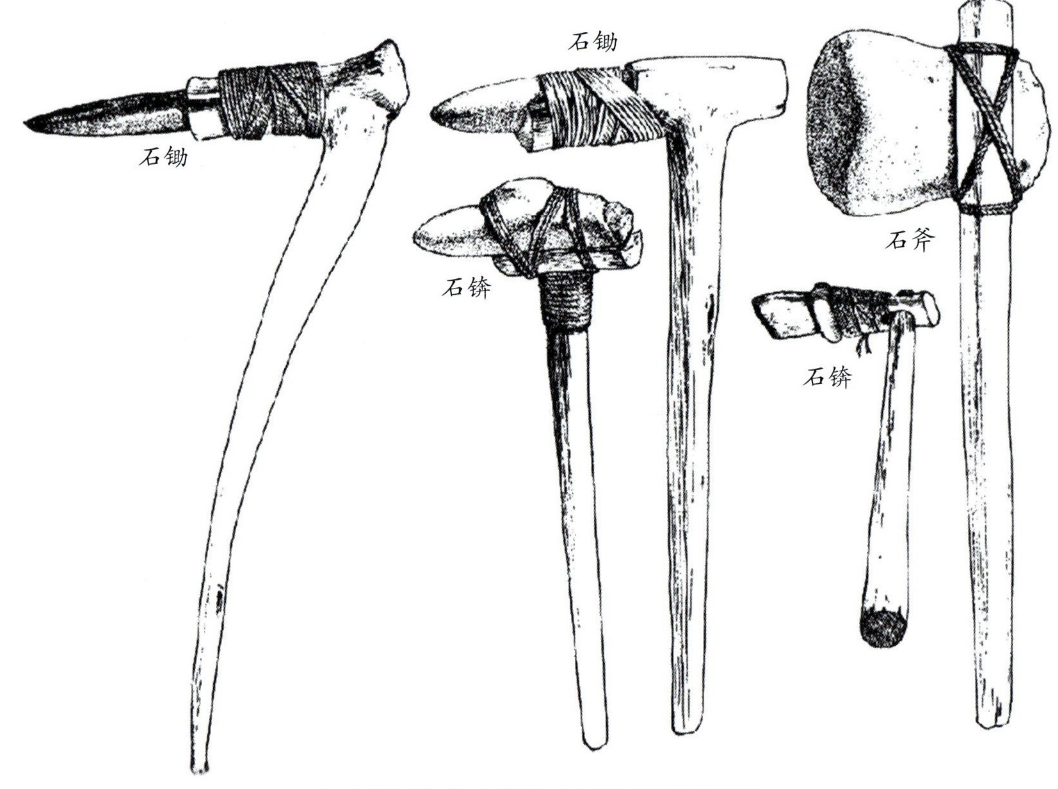

部分仰韶文化农业生产工具复原示意图

采集、渔猎、养殖、纺织

仰韶文化时期，原始农业已获得一定的发展，成为当时重要的经济生产方式和生活来源，渔猎和采集成为一种辅助性的生产活动，同时，先民们在长期的实践过程中学会了养殖家畜、家禽，这些成为他们食物来源的补充。

采集

采集是人类早期的生产活动。依靠自己的双手，仰赖大自然的恩赐，植物的根茎、果实，水中的螺蛳、河蚌，以及鸟卵、蜂蜜等天然产物成为人们的果腹之物——古老的采集维系了人类个体的生存和种族的绵延。

在西安半坡遗址发掘时，考古人员采集了地层剖面的 28 块标本，后经植物孢粉分析，了解到当时的半坡村附近生长着核桃树、松树、栗树、柿树等。在遗址中还发现埋藏了6000 多年、已经碳化了的植物籽实。

渔猎

各地的仰韶遗址都出土了有一定数量的渔猎工具，有的遗址中的渔猎经济因素很突出。如半坡类型文化，彩陶上以鱼纹和鹿纹作主题花纹，遗址内发现的野生动物遗骨的种类和数量也较多，说明渔猎生产在这类遗址中有较重要的位置。

半坡遗址出土的鹿纹彩陶盆

半坡彩陶盆上的鹿纹，极似充满童真气息的简笔画，线条自由流畅、灵动而奔放，仿佛映现着半坡先民神采飞扬和无拘无束的生活情态。

半坡遗址出土的人面鱼纹彩陶盆

人面鱼纹彩陶盆是每一个中国人再熟悉不过的一件陶器。中小学历史课本中有这样一段文字：人面鱼纹彩陶盆，西安半坡遗址出土，中国原始社会仰韶时期制陶手工业的杰作。那么，华夏先民们为何描绘出这么神奇的图案，充满了奇幻想象力的人鱼合体又有什么深刻的寓意呢？根据考古资料发现，当时的先民们虽然过着以农业生产为主的定居生活，但最原始的采集和渔猎仍然是不可缺少的生产活动。长期的捕鱼生活养育着一代代人的成长，于是鱼成了人们心中的向往和崇拜对象，也许是为了纪念，或者是为了祈求神明，他们把人和鱼描绘在精美的陶器上，因此，今天我们见到的人面鱼纹彩陶盆便成了先民们捕鱼生活的形象写照。

宝鸡北首岭遗址出土的船形网纹壶

船形网纹壶为盛水器，泥质红陶，通高15.6厘米，口径4.5厘米，宽24.9厘米。口部呈杯状，器身横直。上部长，两头尖，底部短且平，颇像一艘菱角形的舟船。这便是我国北方独木船最早的雏形，一直沿袭了几千年。这种船形壶既便于提携，又可穿绳背负，随身携带。这件船形网纹壶不仅造型别具匠心，腹部的黑彩渔网纹图也很具深意。壶身上绘制的渔网纹左右两侧边缘用重墨各勾出6个三角形，应该是表示网坠。这个图案有力地向人们证明了，聪慧的北首岭人造船捕鱼的技术已经很娴熟了。

断竹，续竹，飞土，逐肉。这首上古歌谣《弹歌》以简洁生动的语言描写了为了获取更多的食物，古人从制作工具到进行狩猎的全过程，生动再现了男人们外出狩猎的场景。

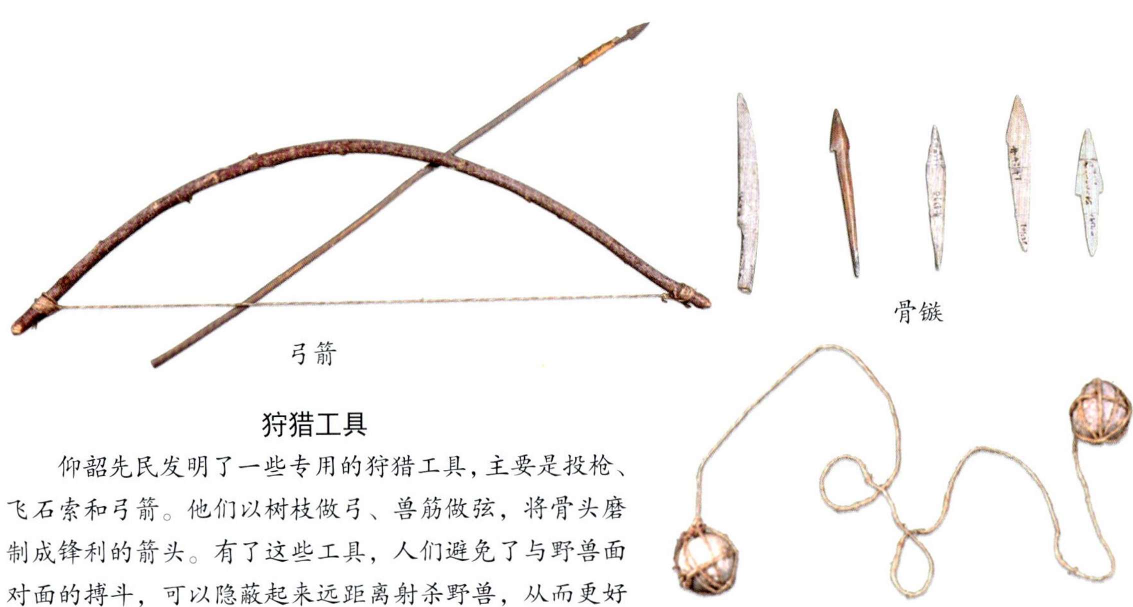

弓箭

骨镞

飞石索

狩猎工具

仰韶先民发明了一些专用的狩猎工具，主要是投枪、飞石索和弓箭。他们以树枝做弓、兽筋做弦，将骨头磨制成锋利的箭头。有了这些工具，人们避免了与野兽面对面的搏斗，可以隐蔽起来远距离射杀野兽，从而更好地保护自己。

养殖

仰韶文化时期，养殖在人们的经济生活中占有一定的地位。在各地仰韶遗址中都出土了猪、羊、牛、狗、鸡等的骨骼，个别遗址还有马的骨骼。通过动物骨骼的比例和具体特征推断，狗和猪已成为当时的主要家畜。

在西安半坡、临潼姜寨、郑州大河村等遗址还发现了圈栏遗迹，说明家畜饲养有了较大的发展，给当时居民的生活提供了必要的肉食补充。

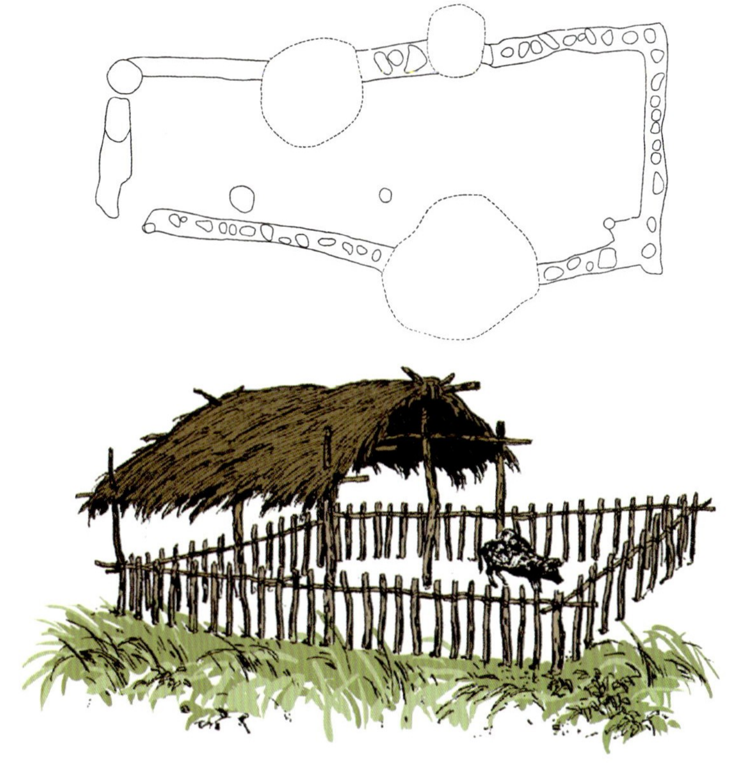

半坡遗址发现的圈栏遗迹平面及复原图

考古工作者在半坡遗址发现了2座饲养家畜的围栏痕迹，复原起来为栅栏式建筑。围栏中发现的猪骨多为幼猪骨骼，这或是由于当时饲养方式不当，幼猪难以养大；或是因为生活条件很苦，人们只能宰杀幼猪来充饥。

东晋文学家陶渊明在他的《归园田居》一诗中表达了他对田园生活的渴望与追慕：“狗吠深巷中，鸡鸣桑树巅。”事实上，在西安半坡、临潼姜寨等遗址中发现的牲畜圈栏遗迹及大量牲畜骨骼说明，仰韶时期先民们的生活中，猪、羊、牛、狗、鸡等家畜、家禽的饲养和驯化已经成为生活常态。“兔从狗窦入，雉从梁上飞”的部落景象呈现出一幕幕和谐而安逸的生活画面。

编织和纺织

有些仰韶文化遗址中出土的器物底部发现有经纬分明的编织物的痕迹，如席纹、篮纹的印痕。

制作衣服时，仰韶先民们先剥取野麻等植物纤维，用陶或石制成的纺纶捻成麻线，而后用原始织机编织成结实耐用的麻布，再以骨针、骨锥穿引麻线缝缀出各种款式的衣物遮体避寒。这些麻布的经、纬线密度和现在的粗棉麻布极其相似，可见当时编织技艺的高超。

《韩非子·五蠹》对上古时代尧的描述中说：冬日狍裘，夏日葛衣。随着时令的转移，用动物毛皮、鸟类羽毛、野麻等制成的衣物，早已变成我们今天时髦而昂贵的衣服了。

半坡遗址出土的底部有席纹和布纹的陶钵

由于时间久远，在半坡遗址中未发现编织物，但是这两件器底上留有清晰席纹和布纹的陶钵使我们相信，6000 多年前，半坡人已经掌握了娴熟的编织和纺织技艺。

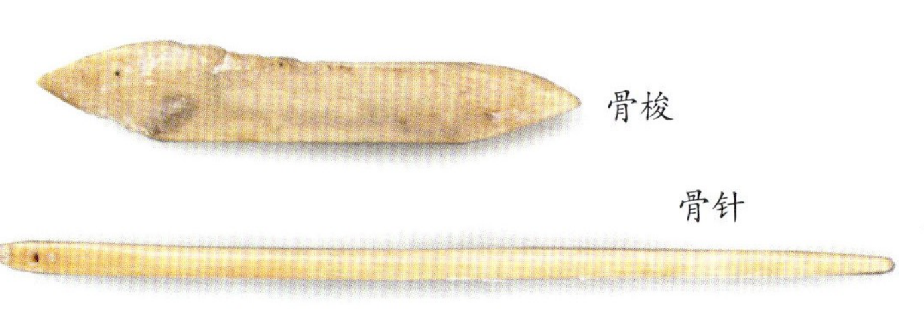

骨梭

骨针

半坡遗址出土的纺织工具

半坡遗址出土的大量如陶纺轮、陶锉、石纺轮、骨梭、骨针等纺织工具，使我们相信半坡人早已告别了赤身裸体的生活。印有布纹的陶钵也为我们提供了半坡人纺织的实证。

陶纺轮

生活工具

在各地的仰韶文化遗址中，都出土有陶器、石器、骨角器等，其中数量较多的是陶器和用于农耕生产的石器。通过这些生产工具和遗迹可以推断，当时仰韶先民们的重要生产活动就是农业和制陶业。

仰韶文化时期的手工业经济与农业、畜牧业经济一样，主要是从事自给自足的自然经济活动。手工业的分工大致主要在加工陶器上，或者石器或骨器上，这些与社会生产分工有一定的联系，对于提高人类的生活、生产水平和促进劳动力发展起到了非常积极的作用。

陶器

以制陶为代表的手工业的发展，是先民们手胼足胝、辛勤劳作的结果。造型、色彩完美结合的彩陶以及陶器上绘制的图案，都是仰韶先民们原始艺术的再现。仰韶文化遗址出土的陶器种类丰富，有曲腹碗、曲腹钵、敛口曲腹钵、双唇小口尖底瓶、敛口鼓腹罐、盆形罐、圜底罐、盆形灶、瓮、器座等。比较独特的陶器有小口尖底瓶、月牙纹彩陶罐、陶甑、人头形器盖等。还有一些用于装饰的陶环，有圆形、五角形、六角形、七角形、齿轮形等多种，别具一格。

仰韶文化典型器物

仰韶文化陶器类型主要有杯、钵、碗、盆、罐、瓮等，它们外形规整，线条流畅，极具艺术美感。仰韶文化陶器的装饰手法，以彩绘为主，制陶工艺或用特制的模具拍打，或用工具刻画，让美丽的图案和花纹装饰于器物表面。这些图案和纹饰，反映出当时人们的生产生活，以及丰富的艺术想象力。

仰韶文化陶器类型

彩陶不仅是史前先民的一种艺术作品、一种装饰，而且展示出人们的信仰、精神领域等信息，因为我们现在见到的能够体现新石器时代精神文化的东西就是彩陶，它是比较真实的载体。它所表现的纹饰，体现了人们的一些信仰。比如彩陶绘画的一些主题，一两千年都没有发生明显变化。

仰韶文化的彩陶纹饰演变是很有规律、很系统的。因为发现的材料比较多、比较丰富，我们可以看到一个系统性的演变。鱼纹是仰韶彩陶里面一种很重要的纹饰，鱼纹由写实到抽象再到几何形的变化，演变脉络比较清楚，而且这种演变影响到其他的新石器文化。过去我们好像只知道仰韶的早期有鱼纹，实际上仰韶中、晚期也有鱼纹，但是那个时候的鱼纹已经不是写实的鱼纹了，所以不容易辨认出来。

仰韶文化彩陶类型

仰韶村遗址出土的陶碗（口径 14.4 厘米，高 6.9 厘米，底径 4.8 厘米）

仰韶村遗址出土的陶盆（口径 19.5 厘米）

仰韶村遗址出土的陶盆（口径 37.4 厘米，高 16.5 厘米，底径 16.5 厘米）

仰韶村遗址出土的陶盆（口径 26. 5 厘米，高 7. 4 厘米，底径 10. 7 厘米）

仰韶村遗址出土的陶罐（口径 20 厘米，高 17. 5 厘米，底径 11. 5 厘米）

仰韶村遗址出土的陶罐（口径 32 厘米，高 25 厘米，底径 14.1 厘米）

仰韶村遗址出土的陶罐（口径 14 厘米，高 18.1 厘米，底径 8 厘米）

仰韶村遗址出土的陶碗（口径 17.4 厘米，高 10.5 厘米，底径 5.8 厘米）

仰韶村遗址出土的陶碗（口径 14.2 厘米，高 8 厘米，底径 6 厘米）

仰韶村遗址出土的陶碗（口径 16.5 厘米，高 9.5 厘米，底径 5.7 厘米）

仰韶村遗址出土的陶钵（口径 17.3 厘米，高 7.3 厘米，底径 5.6 厘米）

仰韶村遗址出土的陶钵（口径 21.5 厘米，高 9.2 厘米，底径 9.8 厘米）

仰韶村遗址出土的陶碗

半坡遗址出土的小口尖底瓶

庙底沟遗址出土的彩陶钵

大地湾遗址出土的人头形器口彩陶瓶

大地湾遗址出土的彩陶盆

大河村遗址出土的白衣彩陶盆

大河村遗址出土的“∽”纹彩陶罐

大河村遗址出土的彩陶壶

北首岭遗址出土的宽带纹彩陶钵

北首岭遗址出土的彩条深腹钵

北首岭遗址出土的几何纹折腹小平底陶壶

半坡遗址出土的斜线三角纹彩陶钵

半坡遗址出土的三角纹彩陶罐

半坡遗址出土的单体鱼纹彩陶盆

半坡遗址出土的复体鱼纹彩陶盆

小口尖底瓶

仰韶文化遗址中最具特色的器物之一，无论是房址、灰坑，还是墓葬中均有出土。它的延续时间伴随着仰韶文化，一直到龙山文化早期，前后长达2000年之久。它的分布范围极广，东到豫东，西至甘青，北达内蒙古，南抵淮河一线，以关中、豫西、晋南为集中分布区。小口尖底瓶作为仰韶文化的最典型代表，在仰韶文化中扮演着极其重要的角色。

仰韶村遗址出土的小口尖底瓶，小口，鼓腹，尖底，腹部两侧有双耳，用来系绳子。小口可确保在贮存和运输过程中水不易溢出；腹部的绳纹可增加摩擦力，手拿时不易脱落；尖底方便插在土地中。打水时，瓶子触水即倒，盛满水后自动直立。这种自动灌水的奇妙现象，运用了现代物理学中的重心原理。尖底瓶是人类文明初萌时期的器具，凝结了人们认识自然、美化生活的设计才思与技巧，体现了仰韶人与众不同的思想与智慧。

仰韶村遗址出土的小口尖底瓶

月牙纹彩陶罐

在仰韶村遗址第三次发掘过程中出土了唯一一件完整的彩陶——月牙纹彩陶罐。在进行发掘时，一位村民告诉工作人员，村子的道路旁有一个断崖，村里人浇地把断崖冲毁了，出现了塌方，在塌下的泥土里发现了许多陶片。工作人员立即与这位村民赶到塌方现场，顺着断崖往上一看，这里的文化堆积层十分明显，于是对这一地区展开考古发掘，很快就出土了许多陶片、骨器和石斧等文物。

在探沟清理过程中，工作人员发现探沟里有一个非常好的彩陶罐子，露出来了一半，经过认真清理后，这件珍贵的文物露出了它的真面目。

仰韶时期的陶罐出土了很多，但上面描绘月牙纹的十分罕见。月牙纹彩陶罐是仰韶村遗址第三次发掘中出土的最完整、最精美的一件，也是唯一的一件。月牙纹饰表明了当时的人们已经初步了解了天文知识，并出现天文崇拜的现象，月牙纹彩陶罐因此成为仰韶文化的重要器物。作为仰韶文化的珍贵器物，月牙纹彩陶罐体现出当时的陶器纹样，已经从简单描绘实际景物过渡到了抽象的几何纹饰，说明中国古代先民的审美取向已经逐步走向成熟。

仰韶村遗址出土的月牙纹彩陶罐

月牙纹彩陶罐高 11 厘米，口径 14 厘米，呈红褐色，鼓腹平底，器物表面打磨光滑，腹部装饰了一圈月牙纹。

带有指纹的陶缸残片

2018年10月，在仰韶村遗址的灰坑中，发现了一枚仰韶时期的陶缸残片。这枚陶器残片形状不规则，最长处10厘米，有一个2.5厘米 ×3.5厘米的鋬耳。在鋬耳上的横向凹窝内留有一枚1.7厘米 ×2.7厘米的完整清晰的指纹。这是一个二三十岁男性陶工右手大拇指按下的指纹，指印摁制得独立完整，指纹无丝毫挪动迹象。随后，又陆续在其他区域采集到相同时期、相同类型的陶缸鋬耳残片3枚。考古专家对比研究后发现，这个按指为印的制陶方式是仰韶文化庙底沟类型普遍使用的制陶技术，距今5000年左右。它的出土至少把中华民族指纹运用术向前推进了2000年，充分佐证了仰韶时期先民已经使用指纹的事实，不仅推动了指纹学在考古领域的应用，还带动了法医人类学、人类遗传学、民族肤纹学等相关学科对人类遗传和变迁史的研究，极大地丰富了仰韶文化的内涵，也为仰韶文化的首发地——渑池增添了一个国际文化地标和寓意深刻的宣传标志。

仰韶村遗址出土的完整清晰的指印纹

仰韶文化陶器的制作

原料

制陶术的产生是和原始居民的农耕定居生活分不开的，所以古书上记载有“神农耕而

作陶”。新石器时代的先民们已学会了种植和畜牧，由完全靠猎取野兽的洞穴生活转向了定居生活。他们常常选择在向阳、宜于种植、近水的第二或第三台地上建造房屋。黄河及其支流的水，是人们生存的必要条件，也正是水，给黄河流域的居民带来了制陶的珍贵原料。

黄河及其支流从青海的龙羊峡到河南的三门峡，穿过了黄土高原。这些新生代第四纪的含有一定量铁质、颜色红黄而又有黏性的沉积物，覆盖在整个高原之上，薄的有几米，厚的则达几百米。它们干燥时坚固得像岩石一样，而一遇雨水渗透，就会土崩瓦解。每逢雨季，在雨水渗透、黄河巨大水量奔腾倾泻的冲击下，黄土变成了流泥，悬浮在水中，随流而下，遇到平缓开阔的地方就慢慢淤积在一起，又经过河水千百次的涨水、落潮、冲洗、拍打、沉淀，含沙的粗泥慢慢沉积在下面，逐渐形成了河滩上精细、均匀、纯净的黄黏土、红黏土。这些具有可塑性，又有一定黏性、立性好的黏土成为原始社会先民们用来制陶的最好的天然原料。

虽然整个黄土高原的黄土都可以用来制作这种红色的器物，如红砖，但要做成这种质地纯净、结构坚实、均匀细腻的彩陶，其泥料却需要经过多次淘洗和沉淀，在原始社会生产力很低的情况下，是不可能通过人力完成的。庆幸的是，黄河及其支流的水是对陶泥自然加工的动力，黄河的河滩就是淘洗沉淀的场所，那些制陶的泥料可以直接从河沿上获取。仰韶文化遗址所出的陶器，制作所用的泥料就是黄河滩上的沉积黏土，这种土不仅能烧出红色，而且还能烧出庙底沟类型花瓣纹钵的黄白色，马家窑类型的褐黄色、浅土黄色。

制作工艺

从各地仰韶遗址出土的手工业工具种类和制作水平来看，当时手工业生产发展的进程和技术水平，大体上是接近的，如制陶技术，早期手制采用泥条盘筑法，中期出现了慢轮加工修整陶器口沿，晚期出现了轮制。

彩陶的制作方法可以分成两大类：手制和轮制。

手制即用手捏塑成形，属于制陶的初级阶段，这一阶段人们还不会利用其他东西来帮助造形，而是参照其他东西来模仿造形。

轮制包括泥条盘筑法、内模成型法、外模成型法、拉坯成型法。经过轮制成型的器物有其明显的特点：有明显的圆周运动的痕迹；器物自上而下有相同的中心轴，因此器形的每一个平行点到中心的距离都相等而成圆形；器形的弧线在任何一个角度都相同；器物器形规整、厚薄均匀。

陶器制作基本工艺流程：选泥（取土、晒土、搅泥）→揉泥→成形→修坯（利坯）→晾坯（干燥）→施彩→装窑烧制。

烧制

陶器是泥与火的结晶，是泥土塑成陶坯晾干后，在 800 ～ 900℃的高温下焙烧而成的。陶器是人类第一次按照自己的意志创造出来的非天然物品，在人类历史发展进程中意义重大。陶器经过烧制后，物理性质发生了改变，不仅质地坚硬，而且防水。仰韶村遗址出土的陶器表面呈红色，是因为陶坯入窑焙烧时采用氧化焰气，使陶胎中的铁转化为三价铁，所以器表便呈红色。

烧制后呈红色的仰韶文化陶器

仰韶先民的生活稳定，对陶器的需求量大，所以制作陶器成为他们的日常生活，逐渐产生了专门用于烧制陶器的陶窑。在仰韶村遗址目前发现陶窑 3 处，有横穴窑和竖穴窑。烧窑时，火焰从火膛进入火道，经火眼进入窑室，上升流经坯件，最后烟由窑室顶部的排烟孔排出窑外。横穴窑升温较快，但不易控制烧成温度和烧成气氛，燃料的利用率较低；竖穴窑比横穴窑有所进步，可将烧成温度提高一些，但也不易控制烧成温度，燃料的利用率较低。

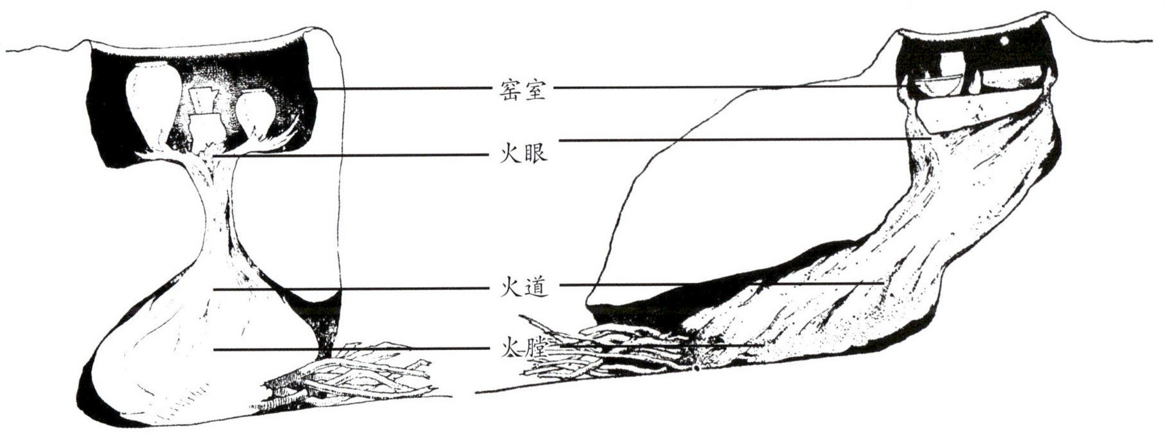

横穴窑

最早的资料发现于河南新郑新石器时代裴李岗文化，流行于仰韶文化时期，商、西周时期基本不见。横穴窑是在生土层中掏挖修制而成的，由火膛、火道、火眼、窑室等部分组成。烧窑时，火焰由火膛进入火道，然后经火眼进入窑室，上升流经坯件，最后烟从窑室顶部的排烟孔排出窑外。

竖穴窑

出现于新石器时代仰韶文化时期，商、西周时期继续使用，此后逐渐被半倒焰式的馒头窑取代。竖穴窑是在生土层掏挖修制而成的，由火膛、火道、火眼、窑室等部分组成。龙山文化、商、西周时期普遍有窑箅，窑箅上设火眼。

仰韶村遗址发现的陶窑

石器

进入新石器时代，人类社会分工有了很大变化，这时候对生产工具的加工提炼，特别是对石器的加工相对成熟。人们做出了精美的石斧、石铲、石刀、石锛，这些石器对提高劳动效率，特别是对促进农业发展起到了重要作用。仰韶文化的农业生产工具，主要是石斧、石铲、石刀等。

石斧在农业生产方面的作用，主要是砍伐灌丛林木，以便开垦荒地。石斧形制浑厚，早期的没有钻孔，使用时夹在一个劈开的木柄之间，用绳子绑起来即可，这显然不能使石斧牢固。钻孔石斧外表光滑匀整，钻孔位置上下适中，左右对称，斧的造型上窄下宽，中间过渡形成的弧度流畅自然，不仅克服了早期石斧的弊病，而且提高了劳动生产率。石铲与石刀是农业生产的专用工具，石铲的作用主要是翻土，以便播撒种子；石刀的作用主要是收割谷穗。另外，还有石锛、石凿、石簇、石饼、石球等。

仰韶村遗址出土的石斧
（长 13 厘米，最宽 5.5 厘米）

仰韶村遗址出土的石斧
（长 11.3 厘米，最宽 5.3 厘米）

仰韶村遗址出土的石铲

（长 19.5 厘米，最宽 14 厘米）

仰韶村遗址出土的石铲

（长 15.3 厘米，最宽 8 厘米）

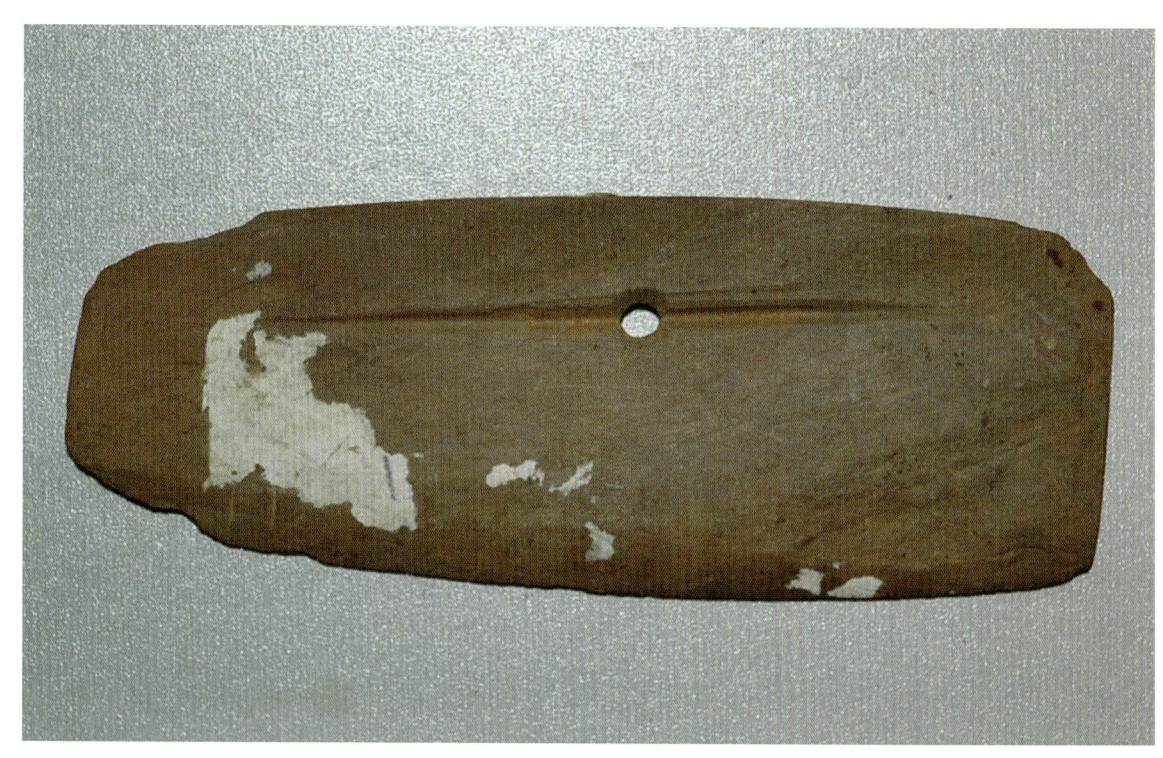

仰韶村遗址出土的石刀
（长 9.5 厘米，最宽 3.5 厘米）

仰韶村遗址出土的石刀
（长 7.9 厘米，最宽 5 厘米）

仰韶村遗址出土的石凿
（长 29.5 厘米，最宽 9 厘米）

仰韶村遗址出土的石凿
（长 18.5 厘米，最宽 2.8 厘米）

仰韶村遗址出土的研磨器
（底部周长 34 厘米，高 13 厘米）

仰韶村遗址出土的石砭（长3.5厘米，最宽1.7厘米）

仰韶村遗址出土的石镞（长5厘米，最宽1.5厘米）

仰韶村遗址出土的石球（周长14.5厘米，高5.8厘米）

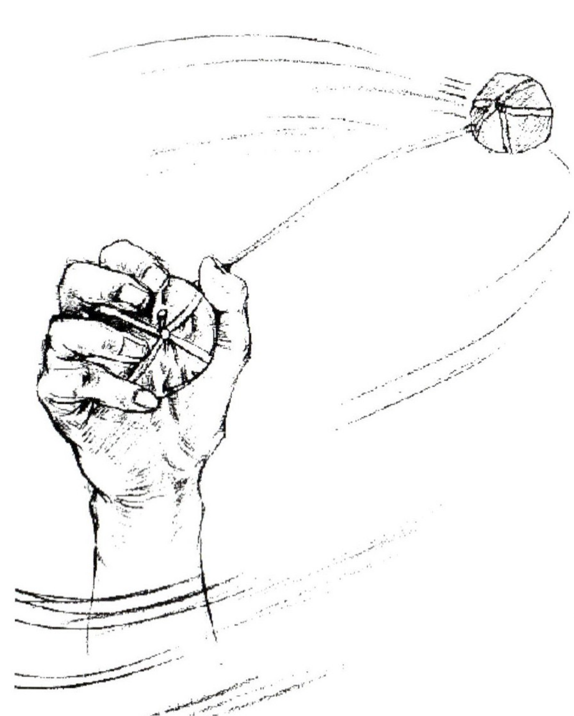

飞石索使用示意图

石球作为狩猎工具，除了用手直接投掷外，据分析，还有2种使用方法：

一是作为绊兽索。在一长木杆一端用绳系住石球，另一端拴系一段绳索，用时把这一复合工具向野兽猛甩过去，杆与球在一起合成巨大的冲力，打中野兽的要害使野兽倒下，即使未击中其要害，也可将兽足绊住。

二是作为飞石索。即用绳子绑住石球，使用时，手抓住一头快速抡转，然后在石球对准猎物时松开，石球连同绳子飞出，击中猎物。小型石球更适于作飞石索，有效射程可达五六十米远。

聚族而居

在长达 2000 年的历史行程中，仰韶先民们学会了建造房屋，逐渐形成了聚族而居的模式，聚落规模也由小到大、由简单到复杂，直至城的出现，展现出文明发展的足迹。仰韶文化的次序发展，部落的交流与融合，物质与精神文化的创造与丰富，为中华民族核心与文化的形成奠定了坚实的基础。

聚族演变

聚落是原始自然经济的生产与生活相结合的社会组织基本单位。随着生产力的发展，出现了在相对固定的土地上获取生产资料的生产方式——农耕与养殖。由于农作物从种植到收割需要很多工序，加上农业需要的石器工具与狩猎工具相比，不仅种类多、数量大，而且比较重，因而从事农业的人逐渐考虑建造固定的，可以长期使用的住所。因此，在母系氏族社会，随着原始农业的诞生，出现了相对稳定的、按氏族血缘关系组织定居的聚落。

从原始村落走向具有防御功能的环壕聚落，从单一分散型聚落到金字塔型分布的中心聚落，进而形成“城邑”聚落的演变，无一不见证着华夏文明生成的一步步足迹。

我国史前时期的聚落分布均有以下特点：靠近水源，不仅取水方便，而且有利于开展农业生产活动；位于河流交汇处，交通便利；地处河流阶地上，不仅有肥沃的耕作土壤，而且能免受洪灾；若在山坡处，较多处于阳坡；从聚落所处的地貌类型看，经历了从山前丘陵到河谷岗地、再到河流阶地和平原的发展过程。

仰韶文化早期

仰韶文化早期（距今7000～6000年）的聚落被称为“大体平等”的内聚向心式聚落，如西安半坡、临潼姜寨、宝鸡北首岭等遗址中都出现了围绕中心广场或大房子布置成环形的聚落形式，这是氏族聚落的典型规划。这个时期的聚落通常有环形壕沟，这种环形壕沟的平面大都略呈圆形。如西安半坡遗址，围绕着居住区有一条深五六米的壕沟，被称为“大围沟”。

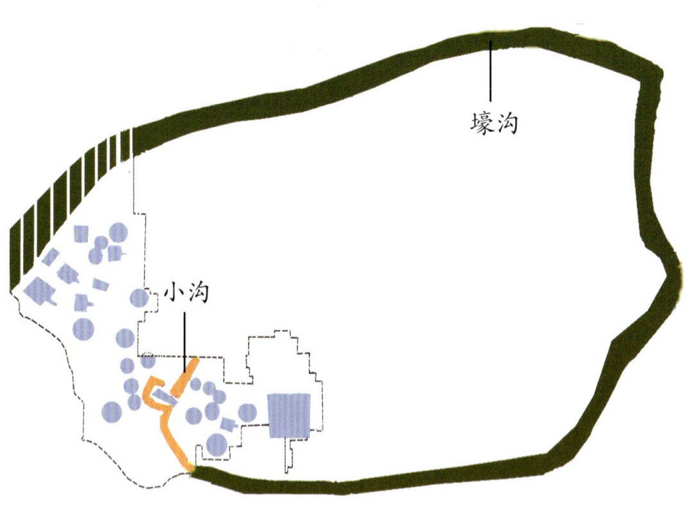

半坡遗址壕沟示意图

壕沟，为保护居住区和全体氏族成员的安全而挖的防卫设施之一，平面呈不规则圆形，其范围和形状大致与居住区的状况相适应。小沟穿过居住区的中心，将村落分成2部分，小沟只存在于半坡早期，可能是氏族中不同家族的分界线，后来氏族组织发生了变化，小沟就消失了。

陕西临潼姜寨遗址是一处比西安半坡更为完整的仰韶村落遗址，村落的轮廓呈东西长、南北阔的椭圆形，居住区的中央有一片4000平方米的广场，周围是一圈排列整齐的房屋，房门都朝向广场开。

陕西临潼姜寨原始聚落模型

1972 ~ 1979 年，西安半坡博物馆和陕西临潼县文化馆合作，对临潼县（现为临潼区）城北的姜寨遗址进行了 11 次大规模发掘。姜寨遗址是迄今为止，中国新石器时代聚落遗址中发掘面积较大、保存最好的一处。

这一时期的聚落是建立在母系血缘关系上的社会组织，聚落中的氏族成员被血缘纽带紧紧联系在一起，血浓于水，依赖氏族而生存，共同劳动，集体生活。他们认为聚居的氏族是一个不可分割的整体，要无条件地服从统一的领导。被众多房子围绕的中心广场和大房子可能是氏族成员举行会议、商讨和决定事务的地方，占据着最重要的地位，也代表最高权力。让聚落中每座房子的门朝都向这里，是氏族成员的衷心愿望，能够使个体和氏族整体血脉相连，聚力团结。

仰韶文化的中、晚期

仰韶文化中期，聚落中的社会组织形式已由母系氏族转向父系氏族，聚落内、外部都发生了分化，向初步分层与分化的中心性聚落转化。由于生产工具的改进、人口的增加，该时期的聚落规模比早期有了明显扩大。氏族平等不再存在，家庭财富的拉大与财富的继承，分化出家庭的贫富，加上权力的集中与权力的继承而出现贵族家庭和贵族宗族。

到了仰韶文化晚期，聚落群和中心聚落变化更加突出，远古聚落逐渐被新兴的城邑和其周边郊野的村落取代，我国最早的城市聚落已经出现。到目前为止，我国考古发现的史前城址共 40 余处，主要分布在黄河和长江流域。在诸多城址中，西山仰韶文化城址的年代较早，堪称“中原第一城”。

这一时期聚落发展的最大特点是聚落功能的重新整合与集中，以往几乎所有聚落都具有的祭祀功能、管理功能、军事防护功能等，渐渐从多数聚落中剥离，转变成为中心性聚落的特有功能。聚落的防卫已不是以个体聚落为单位进行，而是在中心性聚落统领下全群落的共同行为。中心性聚落社会结构的一个突出特点便是，有着庞大的中间阶层与相对较少的富有者和贫穷者阶层。中心性聚落的富有也远非普通聚落可比。

西山仰韶文化城址位于河南省郑州市惠济区，距今 5300 ~ 4800 年，是迄今为止中原地区发现的年代最早、建筑技术最为先进的史前城址。西山城址的发现不仅对探讨中国早期城市的起源，而且对研究华夏早期文明的起源和形成，以及中原地区在其中所起的历史作用都具有非常重要的意义。

仰韶时代晚期，随着社会生产力的不断发展，财富积累日益增多，中原地区氏族和部落间以掠夺财富为目的的战争日趋激烈，为了防御外来入侵，以城垣环围的新防御设施应运而生，西山城址便是在这种历史背景下出现的。

以西山仰韶文化城址为代表的圆形城址，属于从仰韶文化早、中期的环壕聚落到龙山时代方形城址的过渡形态。城址中发现了技术先进的城垣建筑，城外环绕着类似护城河的壕沟。在该遗址发掘的 200 余座墓葬中，有父子合葬和夫妻合葬墓，这表明当时家庭结构已经达到父系社会阶段。从一些废弃的窖穴底部，发现的被扔弃的人兽同存的骨架、完整或零散的人骨，可以认为是举行某种祭祀的牺牲，表明宗教活动对社会产生了深刻的影响。在城址东北角发现城门及贯通城内外的 1 号道路，道路东西两侧分布着颇具特色的建筑遗存。凡此种种，充分表明西山城址已经脱离了村落加围墙的聚落形态，逐渐发展为一个地区的政治、经济、文化中心“雏形城市”。

西山仰韶文化城址面积大、堆积厚，出土了数量众多、错综复杂的遗迹、遗物，为我们研究仰韶时代豫中地区考古学文化面貌特征、文化性质、聚落形态、社会组织、丧葬习俗、生态环境、与周边文化关系等诸多方面提供了详尽的实物资料。

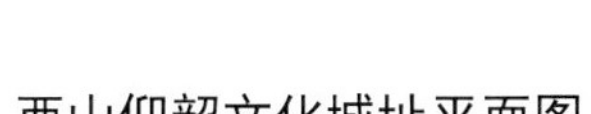

西山仰韶文化城址平面图

西山仰韶文化城址是迄今为止发现得最早的雏形城市，也是目前发现的唯一一座仰韶文化城市。城址平面近圆形，若将城墙、城壕的范围都计算在内，面积达 3.4 万平方米。城墙采用方块版筑法分段、分层夯筑而成，是目前发现的建筑技术最为先进的早期城址。西山仰韶文化城址的城垣建造程序和方法是：在经过规划拟建城墙的区段，将上层文化层堆积全部挖掉直至生土，构成城墙基槽，在经过修整的基底平面上夯筑城墙。随着城墙高度的增加，其所需的土方量则在城墙内外两侧挖沟，就地取土，而以外侧挖沟取土为土方的主要来源。内侧的取土沟显然是城墙筑至一定高度，土方转运不易时，根据内侧筑墙所需补充土方的数量，就地挖取而形成的。在城墙筑起后，内侧的沟即予封填，以保护城墙基础不受破坏，环绕城墙外侧的沟则被保留下来，成为一种保护城墙的防御设施。

中原地区黄河之滨仰韶文化城址的面世，极大地开阔了人们的视野，使我们从西山古城高峻的城垣上空，看到了华夏文明的新曙光！

筑室成居

从人类居住环境的发展历史上看，从穴居野处到筑室成居，人类经历了百万年的漫长过程。在仰韶文化早期，随着生产力的发展，人们已经能够建造半地穴式房屋，并逐渐形成了以血缘氏族为纽带的原始聚居。随着农业的发展，人口逐渐增多，聚落不断扩大。

仰韶文化时期跨越2000多年的发展中，农业的发展和人口的急剧膨胀不断改变着人们的生活方式和社会结构，先民们从半地穴式居住，开始走向地面建筑的生活形态。在仰韶文化遗址的相继发掘中，出土的房屋建筑形式和复杂程度被一次次刷新。

半地穴建筑

仰韶文化早期的房屋一般为长方形半地穴式的房子，周围有立柱，房屋地坪经过加工处理，屋内有较深的圆形灶坑，屋的一侧有斜坡形门道。用以藏物的窖穴数量很多，以袋形坑为主，容积较大，不少窖穴内壁和坑底还涂抹了草拌泥，经火烧后变得相当坚硬，有较好的防潮效果。还发现有大小不一的圆形坑和椭圆形坑，有的坑内尚有人或家畜（猪、狗）的骨架遗存，可能是当时利用废弃的灰坑作为埋葬之所。

仰韶文化半地穴式房屋示意图

地面式建筑

仰韶文化中、晚期的房屋建筑也发生了变化，半地穴式房屋减少，地面建筑增多，并开始出现分间和套间房屋。房屋建筑的变化是婚姻、家庭形态及社会性质开始变化的反映。

仰韶文化早期像姜寨遗址的房屋建筑及布局，是适应母系制对偶婚的需要，晚期的成排分间或套间房屋是适应父系氏族或家族居住的需要。

1972年，在对郑州大河村遗址的发掘中，一座木骨整塑陶房建筑形式的连间套房被专家发现。大河村先民因地制宜，把黄河流域普遍采用的木骨泥墙建筑工艺与陶器烧制技术相结合，创造了这种独具特色的建筑形式。这个房子的建造过程是这样的：先平整地面，然后按照建房子的大致轮廓开挖基槽，基槽挖好后，在基槽里面栽上木柱，木柱和木柱之间绑缚横木形成墙体骨架，墙体内部填充芦苇束，在墙的两侧堆砌草泥土，涂抹墙皮，形成墙体。等墙体、地平晾晒干透之后，在室内和室外同时堆放大量柴草。经过长时间的烧烤后，原先的泥土墙壁就变成砖质陶板墙。墙壁中间的木骨和芦苇束被烧成灰烬，墙体中空，因此房子的保温性能非常好，冬暖夏凉。

另外，从河南省淅川县下王岗发现的仰韶文化长屋房基可以看出，当时的社会组织形式已经由凝聚式向松散式发展。

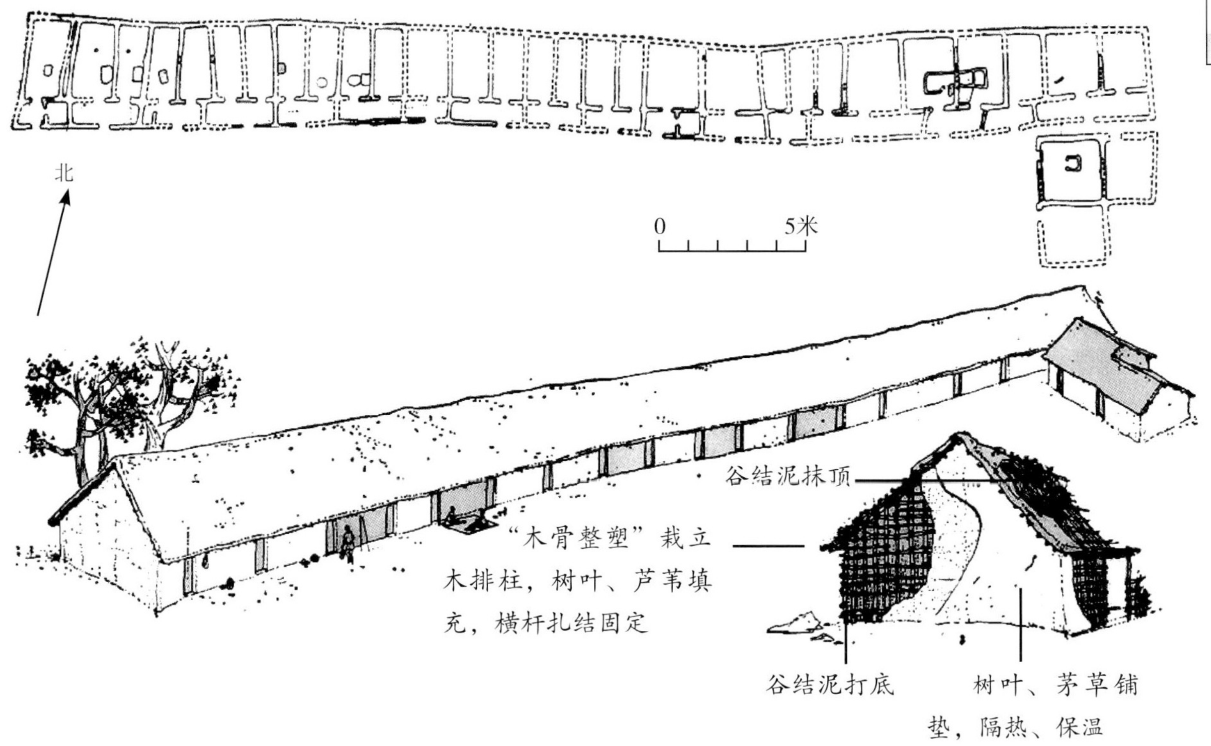

下王岗仰韶文化房屋复原示意图

下王岗遗址位于河南省淅川县，1971 ~ 1974年由河南省博物馆进行了第一次发掘。下王岗遗址因地处长江支流与黄河支流之间，对于研究丹江沿岸新石器时代文化的内涵和发展提供了重要资料，对于研究中国南北新石器文化的分布、地域特点及相互关系具有重要意义。

氏族墓葬

埋葬制度是人类社会发展到一定阶段的产物，通过墓葬可以了解当时先民的特征、婚姻、家庭、社会组织结构、礼仪规范、宗教信仰、文化生活等。仰韶文化时期，已经有了一定的埋葬制度和习俗，在墓葬、墓式、墓地及随葬品等方面形成了一定的制度，而且随着时间的推移，埋葬制度也在不断地变化。

仰韶文化早期的社会形态处于母系制的繁荣阶段。母系制下，妇女是农业生产活动的主体，妇女的活动直接为全氏族服务，对维系氏族的生存和繁衍起着极其重要的作用。因此，妇女在氏族和家庭中具有比较高的地位，在社会上普遍受到尊敬。

仰韶文化早期的同性合葬、多人一次合葬、男女分区葬、母亲和子女合葬，在一定程度上反映了当时的社会形态为母系制度。在母系制下，通婚的双方属于不同的氏族，子女属母方氏族，父方对子女没有任何权利，男子死后要归葬于其所出生的氏族。在对偶婚阶段，既然没有两性关系长期稳定的“夫妻”，也就不可能有所谓的夫妻合葬。这一时期的同性合葬，或为兄弟，或为姐妹，男性墓区的成员是同族的归葬兄弟，女性墓区的成员是同族的姐妹。由于在母系制阶段，子女知其母，不知其父，子女属母方氏族，因此在当时只可能有母亲和子女合葬，不可能有父亲和子女合葬。

仰韶文化早期的合葬墓群

到仰韶文化中、晚期，随着社会生产力的发展，社会形态也发生了变化。原始农业生产较前期发展，已开始进入发达的锄耕农业阶段。农业的发展，使渔猎经济退居到次要地位，大量男子投入农业生产中，男子的社会地位得到了提高。

仰韶文化早期的婚姻形态以对偶婚为主，但仍保存着群婚的残余。群婚是一个氏族的一群男子和另一个氏族的一群女子的交互婚姻，即族外群婚。所生子女知其母，而不知其父，氏族的世系只能从母方来计算，只能确认母系。同母所生的后代形成一个氏族，这样的氏族称为母系氏族。对偶婚是在群婚基础上形成的一种对偶同居的方式。对偶婚不是一种独占的同居，两性的结合比较松散，绝大多数家庭，其子女仍旧是“知其母，不知其父”，氏族的世系仍然按女方计算。

仰韶文化中、晚期葬制方面也发生了变化，早期常见的同性合葬、多人二次合葬，到晚期已经绝迹；仰韶文化早期那种以氏族或家族为单位的同坑合葬，到晚期已经消失。葬制的这种变化，反映了仰韶文化中、晚期氏族的血缘已开始松弛，母系制开始向父系制过渡。

仰韶文化中、晚期的一些文化遗存，也反映出当时社会性质的变化。甘肃甘谷县灰地儿遗址、陕西铜川市李家沟遗址等的晚期遗存中都发现过陶祖，黄陵遗址曾发现过男人的陶塑头像，这说明在当时男子的社会地位已经开始发生变化，在社会上已享有较高威望。

仰韶时期有一套严格且纷繁复杂的丧葬习俗，成年人和儿童分开埋葬。

陶祖

陶祖是陶制的男性生殖器。是新石器时代原始生殖崇拜物，是父系制兴起后的产物。仰韶文化中、晚期时，男子的社会地位开始发生变化，在社会上享有较高的威望，人们开始崇拜男性。陶祖的出现是人类开始进入父系制社会的一种标志。

仰韶文化墓葬多为长方形竖穴土坑墓，少量墓葬内还有二层台。多是仰身直肢葬，但随葬品很少。也有一定数量的瓮棺葬，其组合多为瓮和钵，或瓮和盆、鼎，个别还有用尖底瓶的，主要用来装儿童的尸体。这些器物上都有1个小孔，他们觉得人死后灵魂并没有熄灭，小孩的灵魂可以通过这个小孔自由出入，与他们的母亲见面，骨肉不分离。当时小孩一般埋在母亲居住区周围，成年人死后埋在距他们居住区不远的公共墓地。

瓮棺葬发掘现场

文明萌芽

仰韶时期的先民们，一方面在多样的生产实践中不断扩展着生存空间，另一方面他们的精神世界也得到了极大丰富。对图腾的崇拜，对祖先的怀念，对生命的渴望，对大自然的敬畏，成为他们艺术创作的源泉。雕塑、绘画、音乐、天文、历法、数理知识、文字的萌芽，是华夏文明发展与成熟过程中不断涌出的涓涓细流。他们惊人的发明与创造，闪烁着古代科技文化的璀璨光芒。

绘画图腾

实用陶器成为先民们挥洒情感的一块块画布，他们把日常生产生活中观察到的花草鱼虫、日月星辰等自然景象，用抽象、夸张、变形的手法浓缩成图案或各部族的图腾，绘制在一件件陶器上，烧造成至今仍令人叹为观止的艺术精品。

北首岭的鸟衔鱼纹壶、后岗宽带纹彩陶钵、临汝彩绘鹳鱼石斧图陶缸 、庙底沟花瓣纹

鸟衔鱼纹壶

细泥红陶，高 21 厘米，口径 1.5 厘米，底径 8.4 厘米。腹肩处用黑线条勾画出一只水鸟叼住一条鳞鳍齐备的大鱼尾巴，大鱼负痛回首挣扎，水鸟紧衔不放的生动场景。

曲腹钵、大地湾人头瓶等陶器的出土，为我们呈现出构思巧妙、布局严谨、线条流畅、色彩明快的绘画佳作。彩陶片上的纹饰、遗址中出现的绘画也为我们探索先民的精神世界找到了方向。

彩绘鹳鱼石斧图陶缸

高47厘米，口径32.7厘米，现藏于中国历史博物馆。1978年于河南省临汝县(今汝州市)阎村出土，属新石器时代仰韶文化类型。陶缸绘有鹳鸟衔鱼，旁边竖立一柄石斧的画面。作者用白色在夹砂红陶的缸外壁绘出鹳、鱼、石斧，以粗重结实的黑线勾出鹳的眼睛、鱼身和石斧的结构，画面粗犷有力，具有中华民族远古时代的造型特征，是一件罕见的绘画珍品。

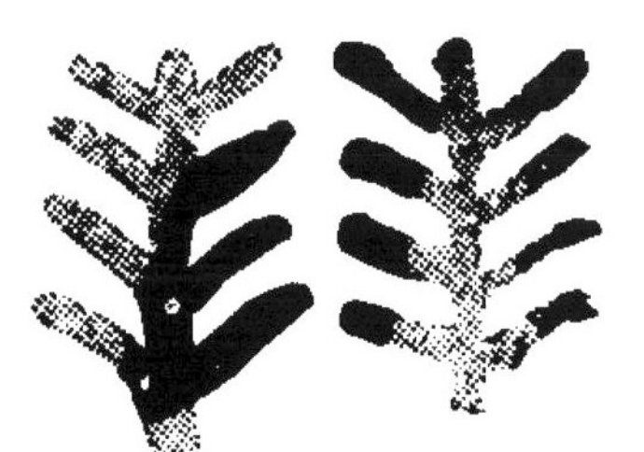

鸟纹

植物纹陶器残片（左）和植物纹（右）

似饕餮纹，与商周时期青铜器上的饕餮纹相似。鼻呈方形，嘴唇上翻，两眼圆大，额上饰三角纹。

弯角羊头纹，绘制出羊头的正面形象：尖锥状的鼻子，鼻上端向外弯曲有两个大的弯角，角内的鼻两侧各有两个黑点似的眼睛。

半坡遗址彩陶上的各种纹饰

大地湾遗址 F411 房址地画复制图

数理知识

仰韶文化时期，先民把大自然和动植物的形象，通过观察、概括、提炼、简化，用曲线、圆点、弧面和底纹等线条组合成了优美的几何图纹，同时把感悟到的运动、均衡、重复和节奏韵律，用简陋的画笔在彩陶上留下了永恒的经典符号，成为那个时期最伟大的发明创造，也成就了人类历史上第一个艺术巅峰。

与此同时，各种几何图形的大型复杂房屋建筑、狩猎弓箭、轮制陶器等，也不同程度地显示着先民们对数理知识的广泛应用。

大河村遗址出土的彩陶盆外侧展开图

对称性

从彩陶盆外侧展开图可以看出，其图案布局精确，构图精美，且图案中运用了数学、几何等知识，使构图具有了完美的对称性。

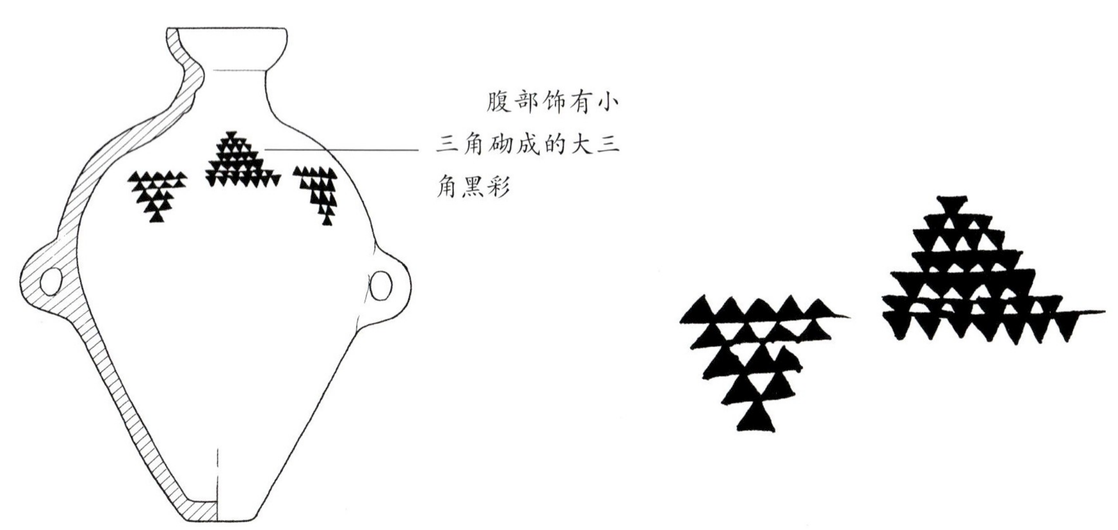

北首岭遗址出土的陶瓶线图及外侧展开图

半坡建房场景想象图

半坡人营造房屋时，木构框架的搭建正是应用了多种几何原理来保证结构的稳定性。

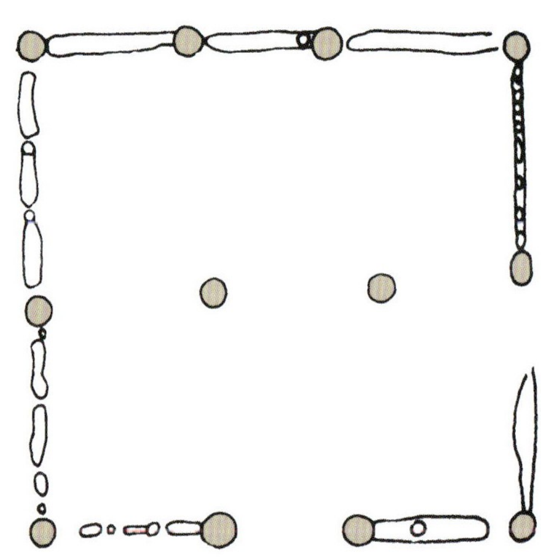

半坡遗址房址平面图

矩形无疑是各类几何图形中最难把握的一种，需要人们掌握直线、直角、平行线、等距离等多个数学概念。对于矩形知识的熟练应用，充分展现了半坡先民的聪明智慧。

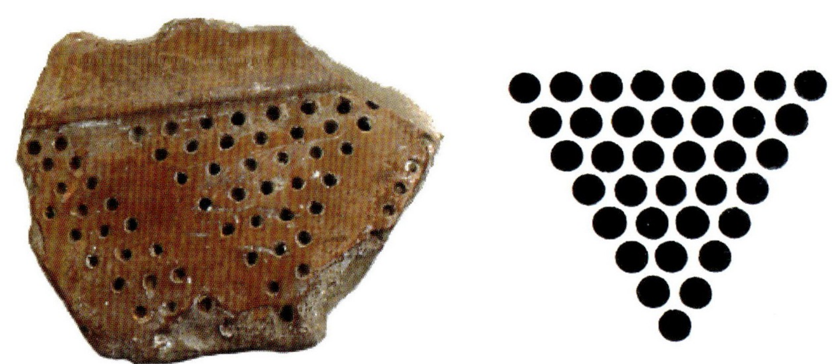

半坡遗址出土的等边三角形装饰陶片

这个陶片是集数、形概念于一体的典型实例：半坡人对 1 ~ 8 的自然数有了清楚的认识，36 个孔洞又构成一个规则的等边三角形。几何图形中，等边三角形是最稳定的结构。

刻画符号

在仰韶文化陶器上发现了许多刻画符号，种类很多。这些符号一般刻在陶器的口沿上或陶器外围，笔画简单，但相当规整。考古学家经过长期研究发现，在文字出现以前，人们为了表现自己的思想意识，记忆和记录一些事情，会采用具有一定特征的符号标记，而仰韶时期的这些刻画符号，就是人们交流情感、表达思想的手段之一，可能就是中国文字最早的雏形，但其含义至今无法破解。

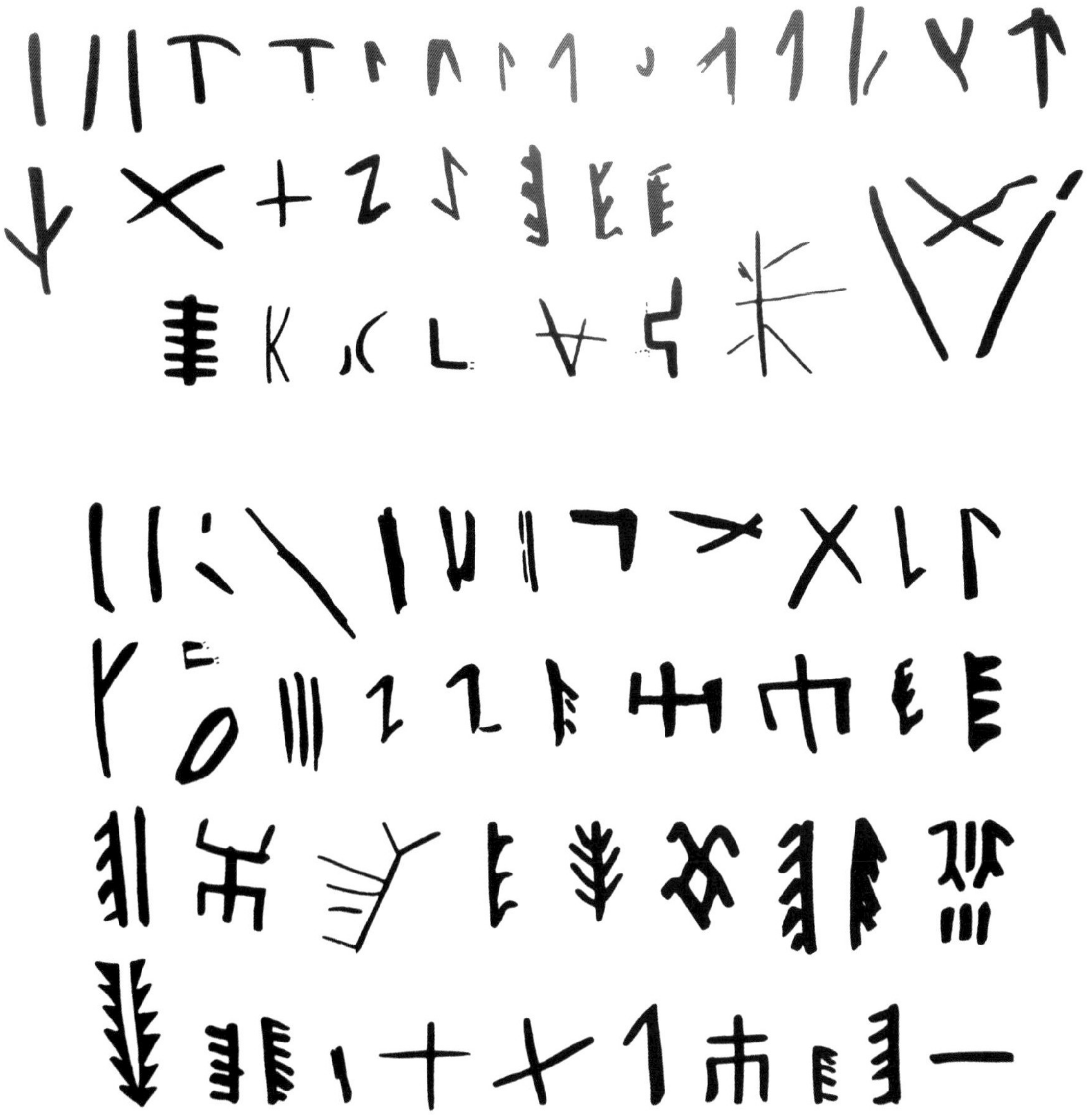

刻画符号

第五章

仰韶今昔

仰韶村遗址是我国第一次发现与发掘的新石器时代原始社会村落遗址，是仰韶文化的命名地，是以仰韶文化为主的内涵丰富的多重文化遗址。仰韶村遗址不仅是考古圣地，更是寻找中华文明起源的肇始之地，因此，我们要怀揣敬畏之心去保护和传承它。

仰韶文化博物馆

仰韶文化博物馆是经国家文物局和河南省政府批准，在仰韶村遗址保护区之外兴建的一座集文物保护、陈列展示和科学研究功能为一体的仰韶文化专题博物馆。该馆总投资 7877 万元，占地面积 2.87 万平方米，建筑面积 4700 平方米，由清华大学建筑设计研究院关肇业先生领衔设计，2009 年 1 月动工，2011 年 10 月 28 日竣工，2011 年 11 月 7 日正式免费对外开放。

仰韶文化的发现揭开了中国原始社会考古研究的第一页。仰韶村遗址是仰韶文化的命名地，仰韶文化博物馆的建立为研究仰韶文化、传承仰韶文化奠定了基础。同时，博物馆里也介绍和展示了黄河流域各仰韶文化遗址、出土器物、相关文献资料以及仰韶文化遗址近百年来的发掘成果。

陈列展示

仰韶文化博物馆由序厅、3 个展厅及冥想空间构成，以馆藏文物、发掘文物陈列展览为基本点，主要展示黄河流域仰韶文化时期出土的珍贵文物，共展出文物 263 件。

博物馆序厅的浮雕

第一展厅主题：发现仰韶——安特生与仰韶村遗址。详细介绍了安特生与仰韶村的故事，以及仰韶村遗址的 3 次发掘及其重要意义。

第二展厅主题：灿若繁星——仰韶文化分布与类型。详细介绍了黄河流域 9 个省区仰韶文化，着重介绍了半坡、大地湾、庙底沟、大河村等遗址。

第三展厅主题：走向文明——仰韶文化社会与生活。详细介绍了仰韶时期的农业、手工业、生产工具的制作和使用、城址的建立、埋葬习俗等相关内容。

展馆西侧有文化长廊，距离展馆几百米外有仰韶村遗址断壁文化层保护房。

仰韶文化博物馆第一展厅

仰韶文化博物馆第一展厅

仰韶文化博物馆第二展厅

仰韶文化博物馆第三展厅

仰韶文化博物馆第三展厅

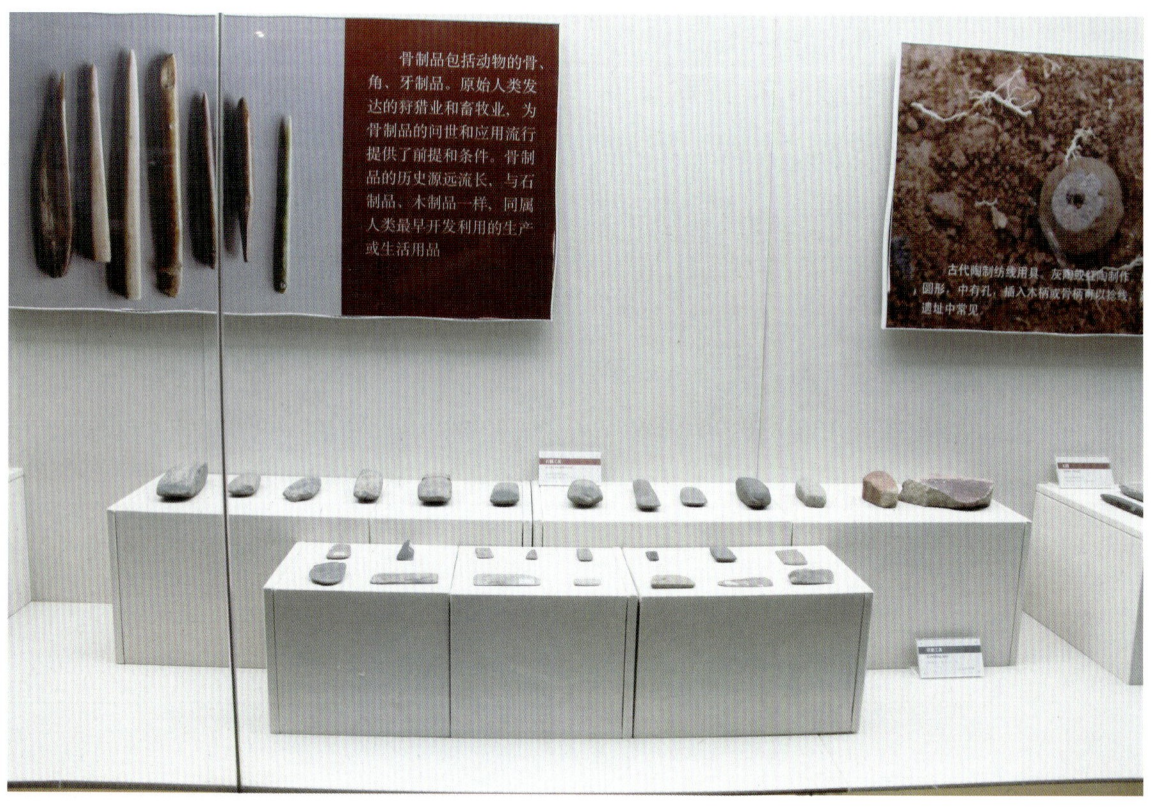

仰韶文化博物馆第三展厅展柜

文化长廊

仰韶村遗址断壁文化层保护房

展陈提升

仰韶村遗址是河南渑池最重要的文化遗产，仰韶文化博物馆将展开展陈提升，以最新的学术研究成果为基础，以宏大的视野展示仰韶村遗址和仰韶文化的重要意义，建设全国知名专题博物馆，强力打造仰韶文化品牌，提升渑池文化软实力。

第一展厅效果图

第二展厅效果图

第三展厅效果图

陶艺吧效果图

仰韶村国家考古遗址公园

为推动大遗址保护工作，有效保护仰韶村遗址，2017 年 11 月，国家文物局批复立项仰韶村国家考古遗址公园。遗址公园总面积为 189.89 公顷，预计投资 2.3 亿～ 3.2 亿元。重点保护区的文保项目和文物展示项目涉及土地面积 60 公顷，估算需要建设资金 1.6 亿元。

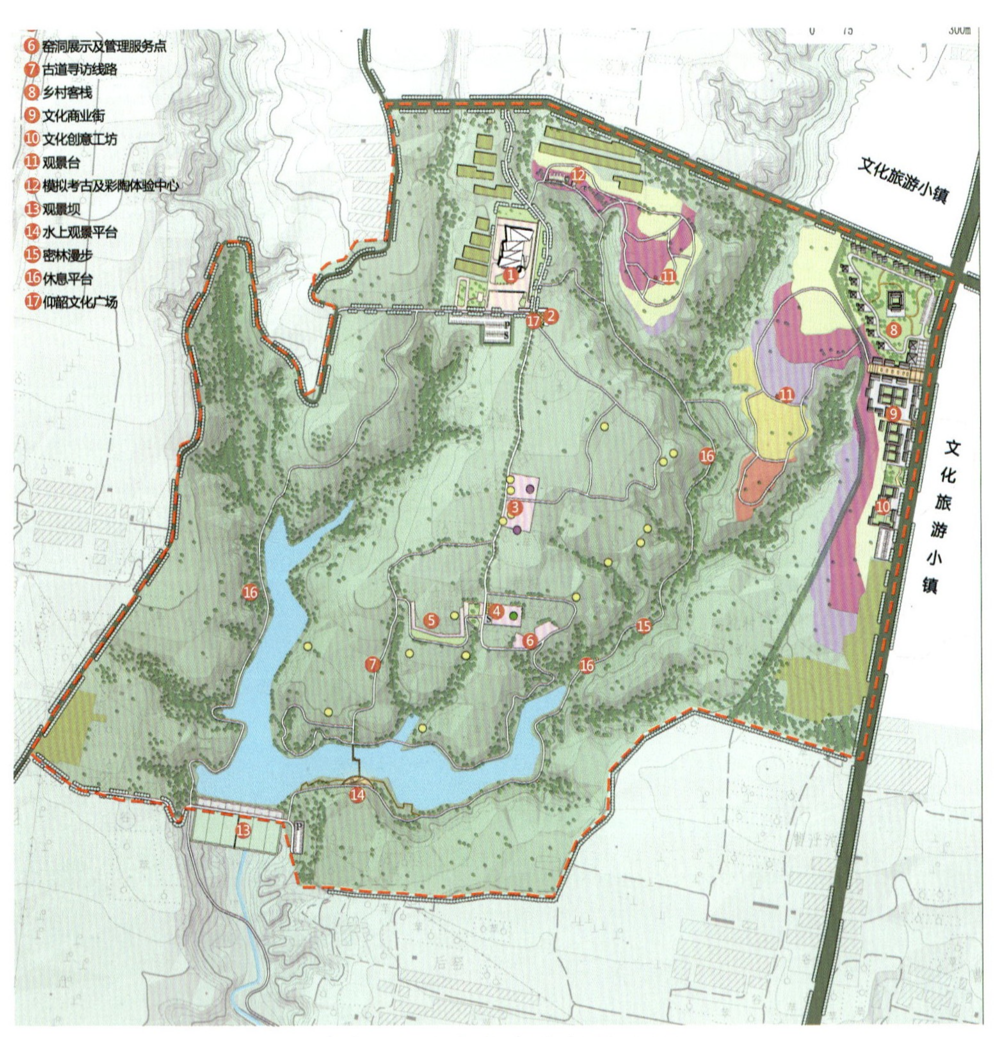

仰韶村国家考古遗址公园规划图

规划

仰韶村国家考古遗址公园建设突出展示仰韶村遗址考古成果的真实性，以及遗址里环境的完整性，建立集遗址保护、价值阐释、遗存多方位展示、现代考古展示、考古科学研究、科普宣传、游览观光为一体的仰韶文化考古遗址公园。遗址公园采用点、线结合的形式，将仰韶文化博物馆、发掘点、断壁文化层、刘果水库、窑洞展示区等景点串联起来，形成“一轴、一带、六区、多点”的展示结构。

原则

整体保护，最小干预。在遗址保护方面，强调对遗址真实性、完整性的保护，严格保护仰韶村遗址的遗存本体与历史环境格局。所有保护与展示利用工程严格遵循最小干预的原则，且具有可逆性。

围绕遗址价值进行系统阐释。结合科学研究，不断深化对仰韶村遗址核心价值的认识，采取多种手段、多种方法进行展示与阐释，突出遗址的价值内涵，构建完整的价值阐释体系，充分将遗址本体与历史环境的展示利用相结合。

考古先行，加强研究。随着公园建设工作的推进，同步加强考古勘探和研究工作，以丰富遗址的展示内容，增大遗址价值的展示深度。

目标

在严格保护仰韶村遗址的遗存本体、历史环境格局及完整的自然地形地貌的基础上，通过恰当的展示方式向公众准确、充分地阐释与展示仰韶村遗址的价值，保护和营造遗址生态景观环境，打造集遗址保护、考古研究、科普教育、生态环境保护、公众游憩为一体的仰韶文化考古遗址公园。

仰韶村国家考古遗址公园鸟瞰图

研学社教

博物馆以教育、研究和欣赏为目的，以不断提高公共教育水平，满足人们特别是青少年对博物馆文化的需求为根本任务。随着社会的快速发展与公众日益增长的文化需求，博物馆的自身功能在不断演变。加强馆校合作，发挥博物馆校外社会实践阵地作用，使之成为中小学生“第二课堂”。博物馆的公共科普教育功能愈渐突出，愈发受到社会的关注和重视。

社会教育

为了启发孩子们的兴趣，加强博物馆的科普教育功能，充分发挥博物馆第二课堂的作用，让博物馆走出去，使之资源社会化，仰韶文化博物馆长期与中小学交流协作，在各学校进行流动展览，将博物馆搬进校园，将馆藏文物近距离呈现在学生面前，使神秘的博物馆不再神秘，真正实现了博物馆的校园社会化。

走进校园

走进校园

馆内研学

仰韶文化时期是人类发展史中的一个重要阶段，仰韶村遗址是研究华夏文明起源的重要遗址。仰韶文化博物馆开设研学活动的目的，一是让学生了解当时人类的生产生活；二是了解当时的发掘过程；三是让学生通过亲身体验，更深入感受人类文明，从而引导广大青少年树立正确的理想信念、人生观与价值观。

仰韶文化博物馆
入口→
三门峡市第二小学"走进中华文明之源 品读灿烂仰韶文化"主题研学活动
仰韶文化博物馆
入口→
渑池县城关镇孟岭小学少年宫综合社会实践活动

仰韶文化博物馆
翰林实验学校
"寻根问源"游学仰韶行

研学活动

钻木取火

最早的原始人，还不知道利用火，东西都是生吃的，就连捕获的野兽，也是连毛带血吃了。后来，才发明了人工取火的技术——钻木取火。钻木取火是一项了不起的发明，从那时起，人们就可以随时吃到熟食，而且食物的品种也增加了。钻木取火很多人只听说过，却从没见过，这项活动可以让学生了解其原理，体会原始生活方式。

钻木取火

制作陶器

我国新石器时代的陶器制作方法大致可分为手制、模制和轮制。从早期的手制，经捏塑、慢轮修整，发展到快轮制陶，经历了一个漫长的发展过程。在早期陶器发展的几千年中，制陶工艺尚不成熟，彩陶生产的技术条件无法具备，因此，在陶器出现几千年以后才有了彩陶。从出现陶器到生产彩陶，是一个长期摸索、反复试验、不断改进的过程。制作陶器是让学生通过自己动手，加深对仰韶文化的认识和理解，体会远古人类的聪明与智慧，感受他们的生产生活。

制作陶器

搭建房屋

仰韶文化早期房屋结构是半地穴式，晚期均为地面式木骨结构，通过木棍做骨架，在其上铺草和泥巴，经过烘烤使墙面变牢固。这个项目是让学生们齐心协力，动手搭建木骨房子，了解远古人类的居住环境。

搭建房屋

知识抢答

举办仰韶文化知识抢答，一方面调动大家参观博物馆的学习积极性，另一方面加深学生对博物馆相关知识的掌握，使学生更好地了解博物馆的陈展文物，切实发挥博物馆的教育职能。

知识抢答

对外交流

仰韶文化对山东的大汶口文化、太湖流域的良渚文化、东北的红山文化、长江流域的大溪文化等都有较大影响，并且与远在黑海地区的特里波利文化和库库特尼文化在某些层面上有一定的联系。仰韶文化对外展览即是文化交流的桥梁，也是展示古老中华文化的窗口。

仰韶文化瑞典展

2010 年 8 月 18 日，由河南省文物局、三门峡市人民政府、瑞典禾天欧洲集团、渑池县仰韶文化博物馆和渑池县仰韶村彩陶坊联合举办的首届中国仰韶彩陶文化展在瑞典马尔默市开幕。这是仰韶文化发现 89 年来第一次走出国门，在仰韶文化的发现者安特生的故乡举办的具有特殊纪念意义的展览，它对宣传光辉灿烂的华夏文明，提高中原文化产业在国际上的影响力具有重大而深远的意义。

仰韶文化瑞典展

仰韶文化法国展

2012年6月14日，由巴黎中国文化中心、三门峡市人民政府主办，渑池县人民政府承办，渑池县仰韶文化博物馆、渑池县仰韶文化艺术传媒有限公司协办的仰韶文化法国展在法国巴黎中国文化中心隆重开幕。法国艺术界、政界、商界、教育界等人士和中、法新闻媒体，以及在法华人社团等100余人参加了开幕式。举办这次活动对中法双方经济、文化交流合作有着重要的意义。

此次展览历时15天，共接待法国社会各界人士4000余人，在欧洲产生了强烈反响。

仰韶文化法国展

仰韶文化英国展

2012年6月21日，在举世闻名的英国议会大厦——伦敦威斯敏斯特宫，由英国议会、三门峡市人民政府主办，渑池县人民政府、英国华夏文化协会承办，英国印象中国文化传媒有限公司、渑池县仰韶文化博物馆、渑池县仰韶文化艺术传媒有限公司协办的中国仰韶文化交流展在这里拉开帷幕。英国政界、金融界、企业界等社会各界精英以及中、英两国主流新闻媒体记者80余人出席了展会。

仰韶文化英国展

仰韶文化韩国展

2013年12月2日，受韩国东亚大学的邀请，仰韶文化韩国展在韩国釜山东亚大学美术馆隆重举行。韩国东亚大学理事长方正恒、校长权五昌及渑池县有关领导和专家、学者近百人参加了开幕式。此次仰韶文化韩国展是在近年来仰韶文化欧洲行成功举办的基础上，又一次受国外有关学术机构邀请而走出国门举办的文化交流盛会。

仰韶文化韩国展

韩国东亚大学校长权五昌在致辞中说，中韩文化有数千年的渊源，此次展览不仅让韩国人民近距离接触和了解了仰韶文化，也为两国学者共同研究仰韶文化乃至东方文明提供了一次重要的交流机会。此次共展出设计精美的宣传板面38幅、仰韶文化不同类型的彩陶艺术品45件。

2014年9月26日，由韩国安东市政府与渑池县人民政府联合举办的仰韶文化展在韩国安东国际假面舞节上隆重开幕。安东市文化福祉局局长金鹤来、韩国国学振兴院院长朴璟焕、安东科技大学校长权相容，以及渑池县有关领导、专家、学者等200余人参加了开幕式。此次仰韶文化安东展持续了2周，共展出展板38幅、仰韶彩陶艺术品45件。一件件造型精美、色彩饱满的艺术品让韩国民众大开眼界、赞不绝口，大家争相在展台前驻足鉴赏、拍照留念，

纷纷被博大精深的华夏文明和底蕴厚重的仰韶文化所折服。仰韶文化展台俨然成为该届韩国安东国际假面舞节上一道靓丽的风景。

韩国安东科技大学校长权相容表示，中韩两国文化根脉相连，这次仰韶文化走进安东，不仅为安东节庆活动增添了浓浓的文化氛围，也让当地民众近距离看到了中国灿烂悠久的历史文化，感受到了中国先民非凡的智慧和创造力。

仰韶文化韩国展

仰韶文化宝岛行

2014年6月11日上午，由三门峡市人民政府主办的仰韶文化宝岛行暨“黄河三门峡·美丽天鹅城”印象展在台北市圆山饭店成功举行。

此次展览是河南省政府开展的“中原情·一家亲”文化经贸交流的主题活动之一。展出共分为发现仰韶、灿若繁星、日出而耕、走向文明和仰韶艺术5部分，通过50件仰韶文化各类型高仿彩陶文物复制品和40余块展板，围文并茂地介绍了仰韶文化发现和发掘过程，仰韶文化在中国考古、中华民族起源和华夏原始艺术方面的重要历史意义，以及仰韶文化的特征、类型分布、科研成果等。展出还介绍了三门峡市的经济社会发展情况和“黄河三门峡·美丽天鹅城”的城市品牌。这是仰韶文化展览首次走进宝岛台湾，受到了台湾同胞的热烈欢迎和高度赞赏。

仰韶文化宝岛行